Eberhard Jung (Hrsg.)

Standards für die politische Bildung

Eberhard Jung (Hrsg.)

Standards für die politische Bildung

Zwischen Weltwissen,
Teilhabekompetenz und
Lebenshilfe

VS VERLAG FÜR SOZIALWISSENSCHAFTEN

VS VERLAG FÜR SOZIALWISSENSCHAFTEN

VS Verlag für Sozialwissenschaften
Entstanden mit Beginn des Jahres 2004 aus den beiden Häusern
Leske+Budrich und Westdeutscher Verlag.
Die breite Basis für sozialwissenschaftliches Publizieren

Bibliografische Information Der Deutschen Bibliothek
Die Deutsche Bibliothek verzeichnet diese Publikation in der Deutschen Nationalbibliografie;
detaillierte bibliografische Daten sind im Internet über <http://dnb.ddb.de> abrufbar.

1. Auflage Juni 2005

Alle Rechte vorbehalten
© VS Verlag für Sozialwissenschaften/GWV Fachverlage GmbH, Wiesbaden 2005

Lektorat: Monika Mülhausen / Tanja Köhler

Der VS Verlag für Sozialwissenschaften ist ein Unternehmen von Springer Science+Business Media.
www.vs-verlag.de

Umschlaggestaltung: KünkelLopka Medienentwicklung, Heidelberg
ISBN-13: 978-3-531-14647-8   e-ISBN-13: 978-3-322-80750-2
DOI: 10.1007/978-3-322-80750-2

Inhaltsverzeichnis

1   Einführung in die Thematik

Nationale Bildungsstandards als fachdidaktische Herausforderung - Vorwort des Herausgebers

Eberhard Jung

1.   Von der Input- zur Outputorientierung

Gegenwärtig werden die Diskurse in der Pädagogik und den Fachdidaktiken in hohem Maße von der Thematik Bildungsstandards geprägt. Die Diskussionen rankten sich um die im Februar 2003 von einem Wissenschaftlerteam um Eckhard Klieme veröffentlichte Expertise, von der man Hilfestellung bei der Überwindung der nationalen Bildungsmisere erhoffte. Erinnern wir uns: Im Dezember 2001 bescheinigte die Pisa-Studie deutschen Schülerinnen und Schülern in allen überprüften Bereichen ein unterdurchschnittliches Leistungsniveau. Die Studie orientierte sich an dem angelsächsischen Literacy-Konzept. Literacy ist als eine universelle Basiskompetenz zu verstehen, „die eine aktive Teilnahme am gesellschaftlichen Leben in der modernen Gesellschaft ermöglicht" (Moschner 2003: 54). Es geht „um fachliche und überfachliche Basiskompetenzen, um die Fähigkeit zur Anwendung erworbener Kompetenzen in authentischen Lebenssituationen und um die Anschlussfähigkeit des Wissens" (Kiper 2003: 70f.). Das Erfassen von Kompetenzen und deren Niveaus überragt das Abfragen schulischen Wissens, es geht um Wissen und Können in vermuteten Anwendungssituationen. Diese Zielbeschreibung verdeutlicht eine tiefe Kluft zwischen den Konstruktionsmerkmalen traditioneller deutscher Bildungs- und Lehrpläne und den in den internationalen Vergleichstests geforderten Standards.

Unter dem Eindruck einer aufwallenden öffentlichen Diskussion über die als bedrückend empfundenen Ergebnisse, beschloss die Kultusministerkonferenz eine konzeptionelle Korrektur in Form eines curricularen Paradigmawechsels. Ebenfalls seien die föderalen Zuständigkeiten stärker auf ein gemeinsames nationales Fundament zu stellen. Der Schlüssel zur Erreichung beider Ziele wurde in nationalen Bildungsstandards gesehen. Als deren Grundlegung wurde im Auftrag des Bundesbildungsministeriums, der Kultusministerkonferenz und unter Koordination des Deutschen Instituts für Internationale Pädagogische Forschung (DIPF) die Expertise: *Zur Entwicklung nationaler Bildungsstandards* erarbeitet (DIPF 2003), die fortan die Grundlage für die entsprechenden fachdidaktischen Diskussionen bildet.

Nationale Bildungsstandards überwinden föderale Grenzen und sollen dazu beitragen, dass z.b. 15-jährige in der gesamten Bundesrepublik Deutschland über ein vergleichbares Wissen und Können verfügen. Sie basieren auf allgemeinen Bildungszielen, umschreiben definierte Anforderungen an das Lehren und Lernen und legen („präzise, verständlich und fokussiert") fest, welche Kompetenzen Lernende in bestimmten Zeiteinheiten (Jahrgangsstufen, Schulstufen) erworben haben sollen und konkretisieren so den schulischen Bildungsauftrag. Die dabei angestrebten Kompetenzen sollen so konkret beschrieben werden, dass sie in Aufgabenstellungen umgesetzt und mit Hilfe von Testverfahren erfasst werden können. „Kompetenzmodelle konkretisieren Inhalte und Stufen der allgemeinen Bildung. Sie formulieren damit eine pragmatische Antwort auf die Konstruktions- und Legitimationsprobleme traditioneller Bildungs- und Lehrplandebatten" (DIPF 2003: 4).

Das in der Expertise zu Grunde gelegte Kompetenzkonstrukt grenzt sich bewusst von dem auf Heinrich Roths „Pädagogischer Anthropologie" basierenden und durch berufspädagogische Autoren (z.B. Pätzold 1999: 57f.; Bader/Müller 2002: 177) verfeinerte Konzept beruflicher Handlungskompetenz als Fach-, Sozial- und Selbstkompetenz ab. Unter Kompetenzen werden im Sinne Weinerts die „bei Individuen verfügbaren oder durch sie erlernbare kognitive Fähigkeiten und Fertigkeiten" verstanden, „um bestimmte Probleme zu lösen, sowie die damit verbundenen motivationalen, volitionalen[1] und sozialen Bereitschaften und Fähigkeiten" bereit zu stellen, „um die Problemlösungen in variablen Situationen erfolgreich und verantwortungsvoll nutzen zu können" (Weinert 20022, 27f).

Im Begründungszusammenhang der Expertise kommt zum Ausdruck, dass Bildungsstandards zur Konkretisierung von Bildungszielen nicht auf Auflistungen von Lehrstoffen und Lerninhalten zurückgreifen. Vielmehr ginge es darum, „Grunddimensionen der Lernentwicklung in einem Gegenstandsbereich" (Fach, Lernbereich) zu identifizieren, der im wissenspsychologischen Sinn als „Domäne" bezeichnet wird und definiert, was Lernende am Ende einer Lernsequenz wissen und können müssen (Output-Orientierung anstatt Input-Orientierung).

---

[1] Unter Volition wird die willentliche Steuerung von Handlungen und Handlungsabsichten verstanden.

Mit Beschluss vom 04.12.2003 vereinbarte die Kultusministerkonferenz *Bildungsstandards für den Mittleren Schulabschluss (Jahrgangsstufe 10)* für die Fächer Deutsch, Mathematik sowie die erste Fremdsprache (Englisch oder Französisch), die zu Beginn des Schuljahres 2004/2005 als Grundlagen der fachspezifischen Anforderungen zu übernehmen sind. Darüber hinaus verpflichteten sich die Bundesländer, die Standards zu implementieren, insbesondere in die Lehrplanarbeit, die Schulentwicklung und die Lehreraus- und -fortbildung. Übereinkommen wurde auch darüber erzielt, „Aufgabenbeispiele zu entwickeln und in landesweiten und länderübergreifenden Orientierungs- und Vergleichsarbeiten oder in zentralen oder dezentralen Prüfungen festzustellen, in welchem Umfang die Standards erreicht werden"(KMK 04.12.03: 4). Zwischenzeitlich wurden Bildungsstandards für den Primärbereich (Jahrgangstufe 4; Fächer: Deutsch und Mathematik) und für den Hauptschulabschluss (Fächer: Deutsch, Mathematik, erste Fremdsprache) vorgelegt und um fachkundige Stellungnahmen gebeten.

Bei allen Vorteilen der neuen Zielkonzeption ist derzeit noch unklar, welchen Einfluss die Bildungsstandards auf die Entwicklung des Bildungssystems haben werden, was angesichts der zugrunde gelegten Wertmaßstäbe entschieden wird. Das Spektrum möglicher Varianten verdeutlicht sich anhand realer Vorbilder, wobei im *angelsächsischen Modell* eher Markt- und Wettbewerbselemente dominieren, mit jährlichen Überprüfungen und veröffentlichten Rankinglisten. Nach *skandinavischem Vorbild* können Bildungsstandards auch ein Element eines demokratischen, auf Partizipation und Förderung ausgerichteten Qualitätskonzepts sein, also Orientierungsmarken im Lernkontrakt zwischen der Gesellschaft und dem Lernenden. In *deutschsprachiger Tradition* können sie jedoch auch dazu beitragen, die frühe Selektion zu vervollkommnen und zusätzlich Hürden zu bilden, die Lernende beim Übergang in aufbauende Schulstufen und Schulformen zu bewältigen haben (Demmer 2003: 8). Leider lassen die föderale Bildungsorganisation und die Alleingänge einzelner Bundesländer befürchten, dass es trotz geforderten nationalen Geltungsbereichs von Bildungsstandards zukünftig in Deutschland verschiedene Qualitätskonzepte nebeneinander geben wird und ein abgestimmtes Vorgehen nicht möglich sein wird.

Obwohl die „Pisa-Disziplinen" im Fokus der Veränderungen standen, hat die Diskussion um Bildungsstandards in den fachdidaktischen Verbänden zu lebhaften Diskussionen und zur Herausarbeitung von Konzeptionen und Entwürfen geführt. Es wurde als eine realistische Chance empfunden, Unterrichtsziele als pädagogisch-didaktisch anspruchsvolle und Bundesland übergreifende Bildungsstandards zu definieren. Gerade für die Didaktik der politischen Bildung ergeben sich die Chancen der Vereinheitlichung der Zielvorgaben, die auch zu Angleichungen in den Stundentafeln führen könnte.

In der Didaktik der politischen Bildung werden gegenwärtig zwei Konzeptionen mit unterschiedlicher Struktur und Ausprägung diskutiert, einerseits die von Sibylle Reinhardt (Halle), Günther Behrmann (Potsdam) und Tilman Grammes (Hamburg) im Auftrag der KMK entworfene Expertise: *Kern-Curriculum in der gymnasialen Oberstufe* für das Fach Politische Bildung/Sozialwissenschaften, die auf die Modernisierung der Einheitlichen Prüfungsanforderungen (EPA) zielt und in Empfehlungen für ein Kerncurriculum endet. Andererseits die von der Gesellschaft für Politikdidaktik und politische Jugend- und Erwachsenenbildung vorgelegte Konzeption: *Nationale Bildungsstandards für den Fachunterricht in der Politischen Bildung an Schulen* (GPJE 2004), der auf Entwürfen von Wolfgang Sander (Gießen) und Peter Massing (Berlin) gründet und Bildungsstandards für den Übergang von der Grundschule in die weiterführende Schule, für den mittleren Bildungsabschluss, für das Ende der gymnasialen Oberschule und der Berufsschule definiert. Beide Konzeptionen, deren Lektüre die Voraussetzung zum Verstehen der nachfolgenden Beiträge bildet, stehen in einem besonderen Begründungszusammenhang, was auch durch die Beiträge von Wolfgang Sander und Tilman Grammes in diesem Band deutlich wird.

2. Zu den einzelnen Beiträgen

Der vorgelegte Band entfaltet das Thema Bildungsstandards für die politische Bildung aus doppelter Perspektive. Einerseits wird der aktuelle Diskussionsstand zusammengefasst und inhaltlich vertieft, wobei fachdidaktische Positionen um Erwartungen aus der Perspektive der Schulaufsicht und Befürchtungen aus dem Blickwinkel von Schulen ergänzt werden. Andererseits werden wesentliche inhaltliche Füllungen offen gelegt, ohne die Bildungsstandards der politischen Bildung nicht einlösbar erscheinen. Ziel ist es, Lehrpersonen der Politischen Bildung einen umfassenden Ein- und Überblick über die aktuelle Diskussion zu einem hoch aktuellen Thema zu vermitteln.

Mit dem Beitrag: *Weltwissen, Teilhabe, Lebenshilfe – woran orientiert sich politische Bildung?* leitet Gerd Steffens grundlegend in die Thematik ein. Über die Analyse eines aktuellen Geschehens (Madrid, 11. – 14. März 2004) verdeutlicht er unterschiedliche Dimensionen des Politischen und definiert die Vermittlung der Befähigung zur Teilhabe an der gesellschaftlichen Selbststeuerung als Aufgabe der politischen Bildung. Entgegen der Verwendung politikdidaktischer Bürgerleitbilder bezieht er gesellschaftsgeschichtlich definierte Konzepte ein und unterscheidet zwischen einem starken (republikanischen) und einem schwachen (liberalen) Staatsbürgerkonzept, deren Berücksichtigung zu jeweils anderen didaktischen Entscheidungen und Schwerpunkten führten. Über die Offenlegung globaler Transformationskrisen und den daraus resultierenden gesellschaftlichen Lernprozessen gelangt er zu bildungswissenschaftlichen Öffnungsimpulsen, aus denen sich Aufgaben und Perspektiven der Politikdidaktik (Bildungsstandards) generieren lassen.

Im Schwerpunkt *Bildungsstandards* referiert Wolfgang Sander unter der Überschrift: *Auf dem Weg zu nationalen Bildungsstandards in der politischen Bildung?* Der *Entwurf der GPJE* die bildungspolitische Genese von Bildungsstandards und die Aktivitäten der Gesellschaft für Politikdidaktik, die zur Vorlage des Entwurfs: *Nationale Bildungsstandards für den Fachunterricht in der Politischen Bildung an Schulen* führten (GPJE 2004). Anschließend erläutert er die konzeptionellen Merkmale des GPJE-Entwurfs, die vom Beitrag des Faches zur Bildung ausgehend, Urteilsfähigkeit, Handlungsfähigkeit sowie methodische Fähigkeiten als Kompetenzdimensionen der Politischen Bildung begründen und Standards und Kompetenzbereiche für einzelne Schulstufen konkretisieren.

Von der Frage ausgehend, ob es denn von der Logik der Sache her überhaupt ein sozialkundliches bzw. sozialwissenschaftliches Kerncurriculum (bzw. einen inhaltlichen Kanon) geben könne oder ob die Lehrgegenstände der politischen Bildung eher austauschbar wären, begründet Tilman Grammes: *Das sachlogische Kerncurriculum* der politischen Bildung. Dieses bündelt und erweitert wesentliche Grundlegungen der Expertise: *Kern-Curriculum in der gymnasialen Oberstufe*, die die Fachgruppe Sozialwissenschaften (Behrmann, Grammes, Reinhardt) im Auftrag der KMK entworfen hat und in konkreten Empfehlungen für die Revision der Einheitlichen Prüfungsanforderungen (EPA) endet. Vom Paradigma der kategorialen Konfliktdidaktik ausgehend zeigt er auf, dass dieses „einen systematisch-curricularen Zugriff auf die Frage nach einem Kanon als dem sachlogischen Kerncurriculum eröffnet" und erschließt drei mögliche Begründungsstränge: Begriffe/Konzepte, Schlüsselprobleme und Verfahren. Alle drei Begründungsstränge ließen sich im Sinne eines flexiblen Regelwerks als curriculare Strategie für die Themenfindung heranzuziehen und ergeben eine Art *Checkliste* für ein sozialwissenschaftliches (Minimal-) Curriculum. Jedoch ersetzen sie keinesfalls den konkreten Prozess der Curriculumkonstruktion.

Nach den konzeptionellen Beiträgen zum Thema Bildungsstandards der politischen Bildung gilt es deren Auswirkungen auf den Unterricht und die Schulaufsichtsebenen zu beleuchten. In seinem Beitrag *Bildungsstandards der politischen Bildung - Funktion und Handhabung aus der Perspektive der Bildungsadministration* reflektiert Gerd Zboril den aktuellen Stand der Diskussion und beleuchtet den damit einhergehenden Paradigmawechsel, der das Selbstverständnis von Lehrkräften, die Organisation Schule und die Funktion der Schulaufsicht betreffe und so eine Chance biete, die Qualität von Unterricht und Schule nachhaltig zu entwickeln.

In ebenfalls beeindruckender Weise bündelt Thomas von Machui aus der Perspektive hessischer Gymnasien die Erwartungen und Befürchtungen betroffener Schulen. In seinem Beitrag: *Bildungsstandards der politischen Bildung - Was erwarten die Schulen?* gelangt er zu der Erkenntnis, dass Bildungsstandards nur dann zu spürbaren Änderungen (Verbesserungen) führen könnten, wenn eine Bottom-Up-Entwicklung gefördert würde und die Lehrkräfte die Qualitätsentwicklung „zu ihrer Sache" machten. Dazu sei es erforderlich, Lehrkräfte aktiv in die Entwicklung von Kompetenzmodellen einzubinden, was jedoch ohne entsprechende Fortbildungsangebote, die Bereitstellung von finanziellen und zeitlichen Ressourcen nicht möglich sei.

Der Schwerpunkt *Weltwissen und Teilhabekompetenz* wird von Karl-Heinz Breier eingeleitet. In seinem Beitrag *Politische Bildung als orientierendes Weltwissen* setzt er sich intensiv mit den Aufgaben der politischen Bildung aus politiktheoretischer Perspektive auseinander. Über die Frage, was die Gesellschaft im Sinne des esprit général Montesquieuscher Prägung zusammenhalte, gelangt er zum demokratischen Grundkonsens als dem höchstem politischen Gut, den es zu „hegen und pflegen" gelte, insbesondere von den im öffentlichen Rampenlicht stehenden Amtsinhaber. Die Bürger sollten in der Lage sein, politische Eigenschaften der Regierenden zu bewerten. Einer Politische Bildung, die an ein intaktes republikanisches Selbstverständnis anknüpfe, falle es leicht, „die Institutionen in ihrem freiheitsdienenden Charakter zu erörtern und das Handeln der Amtsinhaber kritisch zu begleiten". Jedoch sei Politische Bildung als orientierendes Weltwissen unmittelbar auf die Handlungswelt bezogen. Sie sollte sich darum bemühen, Erfahrungen und Einsichten freizulegen und diese in ihrer kategorialen Reichweite für ein erweitertes Verständnis unserer Gegenwart fruchtbar zu machen.

Transnationale politische Urteilsbildung lautet der Beitrag von Ingo Juchler, der den außenpolitischen Neuerungen seit dem Ende des Ost-West-Konflikts und den daraus entstandenen normativen Orientierungsfragen für die Politikdidaktik Rechnung trägt. In intensiver Auseinandersetzung mit der Urteilsbildung als politikdidaktischer Zielkategorie und der Urteilskraft als Gegenstand der Politischen Philosophie stellt er die Funktionalität der politischen Bildung für die Demokratie heraus, die durch die Vermittlung der Befähigung zu politischer Urteilsbildung die Grundlage für die potentielle Teilhabe späterer Bürgerinnen und Bürger an der politischen Öffentlichkeit lege. Denn wenn „die Demokratie nicht zu einer formalen Herrschaftsform ohne normativen Gehalt verkomme" solle, sei die Partizipation der Bürgerinnen und Bürger an der politischen Öffentlichkeit für das demokratische Gemeinwesen konstitutiv. Gerade die seit der

12

Wiedervereinigung und dem Ende des Ost-West-Konflikts geänderten außenpolitischen Rahmenbedingungen Deutschlands erforderten, dass sich politische Bildung nicht auf die Politikfelder der Innenpolitik beschränke, sondern die Außenpolitik stärker mit einbeziehe.

Demokratie lernen und leben – Mediation und Partizipation: Das Programm der Bund-Länder-Kommission in Hessen lautet der Beitrag von Helmolt Rademacher, der wesentliche Ziele und Inhalte des Programms darstellt und - mit Blick auf das Bundesland Hessen - deren Umsetzung beschreibt. Das Programm will Entwicklungen von Gewalt, Rechtsextremismus, Rassismus, Fremdenfeindlichkeit und Politikverdrossenheit in Schulen entgegenwirken und setzt dabei auf die Entwicklung einer *„demokratieförderlichen Schule"*, in der Lernende demokratische Prozesse und Normen konstruktiv erfahren, was sie auf ein Handeln in der Zivilgesellschaft vorbereitet. Diese Zielsetzung ist nur über die gleichzeitige Entwicklung individueller und institutioneller Zielkomponenten (demokratische Handlungskompetenz und demokratische Schulkultur) erreichbar, die Zielerreichung verändert Schule in ihrem institutionalisierten Kern.

Die dokumentierten Beiträge waren Gegenstand der Diskussion auf den Hessischen Politiktagen 2004 der Deutschen Vereinigung für Politische Bildung, die in Zusammenarbeit mit der Landeszentrale für politische Bildung Hessen und dem Hessischen Landesinstitut für Pädagogik unter der Thematik: *Weltwissen, Teilhabekompetenz, Lebenshilfe - Woran orientieren sich Bildungsstandards für die politische Bildung?* am 22. - 23. April 2004 in Weilburg stattfanden. Der Herausgeber bedankt sich bei allen Beteiligten.

Literatur

Bader, Reinhard/Müller, Martina 2002: Leitziel der Berufsbildung: Handlungskompetenz – Anregung zur Ausdifferenzierung des Begriffs, in: BbSch 54, 6/2002, S. 176-182

Behrmann, Günter C./Grammes, Tilman/Reinhardt, Sibylle 2004: Politik: Kerncurriculum Sozialwissenschaften in der gymnasialen Oberstufe (unter Mitarbeit von Peter Hampe). In: Tenorth, Heinz- Elmar (Hg.): Kerncurriculum Oberstufe II. Biologie, Chemie, Phaysik, Geschichte, Politik. Expertisen - im Auftrag der KMK, Weinheim/Basel, S. 322 - 406

Denner, Marianne 2003: Bildungsstandards: Selektion perfektionieren oder überwinden, in: Gewerkschaft Erziehung und Wissenschaft (Hrsg.), Nationale Bildungsstandards – Wundermittel oder Teufelszeug? Funktionen, Hintergründe und Positionen der GEW, Frankfurt

DIPF 2003: Deutsches Institut für Internationale Pädagogische Forschung 2003: Zur Entwicklung nationaler Bildungsstandards - Eine Expertise, Autoren: Klieme, Eckhard; Avenarius, Hermann; Blum, Werner; Döbrich, Peter; Gruber, Hans; Prenzel, Manfred; Reiss, Kristina; Riquarts, Kurt; Rost, Jürgen; Tenorth, Heinz-Elmar; Vollmer, Helmut, J.; Berlin 18. Februar , www.DIPF.de

GPJE – Gesellschaft für Politikdidaktik und politische Jugend- und Erwachsenenbildung 2004a : Nationale Bildungsstandards für den Fachunterricht in der Politischen Bildung an Schulen - Ein Entwurf, Schwalbach/Ts.

GPJE – Gesellschaft für Politikdidaktik und politische Jugend- und Erwachsenenbildung 2004b: Politische Bildung zwischen individualisiertem Lernen und Bildungsstandards, Schwalbach /Ts.

Hessisches Landesinstitut für Pädagogik (Hrsg.) 2003: Hessisches BLK-Projekt „Mediation und Partizipation" im BLK-Programm „Demokratie lernen und leben", Dokumentation zur Auftakttagung, Frankfurt

Kiper, Hanna 2003: Literacy versus Curriculum? in: Moschner, Barbara, u.a. (Hrsg.) 2003: PISA 2000 als Herausforderung – Perspektiven für Lehren und Lernen, Hohengehren, S. 65-87

Moschner, Barbara 2003: Wissensprozess und Didaktik, in ders. Kiper, Hanna, Kattmann, Ulrich (Hrsg.) 2003: PISA 2000 als Herausforderung – Perspektiven für Lehren und Lernen, Hohengehren, S. 53-64

PISA 2000 als Herausforderung – Perspektiven für Lehren und Lernen, Hohengehren

Pätzold, Günter 1999: Berufliche Handlungskompetenz, in: Kaiser/Pätzold (Hrsg.) Wörterbuch der Berufs- und Wirtschaftspädagogik, Bad Heilbrunn, S. 57f

Weinert, Franz E. 2002: Vergleichende Leistungsmessung in Schulen - eine umstrittene Selbstverständlichkeit, in ders. (Hrsg.) Leistungsmessungen in Schulen, Weinheim, S. 17-31

Weltwissen, Teilhabe, Lebenshilfe – woran orientiert sich politische Bildung?

Gerd Steffens

1. Prolog: Ein Blick auf geschehende Geschichte, also auf Politik

Spanien, 11. – 14. März 2004: Nachdem durch synchrone Bombenanschläge in vier Madrider Vorortzügen am Morgen des 11.3., drei Tage vor den Parlamentswahlen, eine zunächst unübersehbar große Zahl von Menschen getötet und verletzt worden war, erklärte die spanische Regierung die baskische Terrororganisation ETA zweifelsfrei zu Tätern. Obgleich seit dem Mittag des gleichen Tages die Hinweise auf einen islamistischen Hintergrund sich verdichteten, blieb die spanische Regierung bei ihrer Version und unternahm alles, um die nationale und internationale Öffentlichkeit, einschließlich des Weltsicherheitsrates, auf die Version der ETA-Täterschaft festzulegen. Die Version der ETA-Täterschaft würde die Legitimität einer Weltsicht stärken, nach welcher Spanien schon aus Gründen des innerspanischen Kampfs gegen den ETA-Terrorismus im weltweiten Krieg gegen den Terror an die Seite der USA und also mit eigenen Truppen in den Irak gehörte; was von einer großen Mehrheit der spanischen Bevölkerung mit Vehemenz abgelehnt worden war. Eine islamistische Täterschaft hingegen würde den Anschlag als Folge eben dieser Beteiligung erscheinen lassen und alle Gründe und Stimmungen gegen die Beteiligung am Irak-Krieg revitalisieren und der sozialistischen Opposition recht geben. Das machiavellistische Kalkül der Regierung Aznar scheiterte am „13. Rucksack", der nicht explodiert war und die Geheimnisse seiner Konstruktion und Herkunft schnell preisgab. Weil die Spur rasch und wahrhaft zweifelsfrei zu einem Kreis islamistischer Täter führte, brach das Täuschungsmanöver der Regierung noch am Vorabend der Wahl und vor aller Augen spektakulär zusammen. Wie in einem Zeitraffer hatte sich für die spanische Bevölkerung die Erfahrung wiederholt, dass ihre Regierung es für einen legitimen Bestandteil ihrer Machtausübung hält, Tatsachen durch deren Erfindung und hartnäckiges Für-Wahr-Behaupten real machen zu können, wie die Massenvernichtungswaffen des Irak oder die Täterschaft der ETA. Diesen Konstruktivismus sans phrase, der die Definition der Wirklichkeit zur Disposition der Macht stellen wollte, hat die spanische Bevölkerung am 14.3. abgewählt, bevor ihr das Recht dazu abgesprochen werden konnte.

Wie in einem klassischen Drama durch die Einheit der Handlung, der Zeit und des Ortes gebündelt, dazu mit einer beispielhaften Peripetie, dem Umschlagpunkt der Handlung, ausgestattet, inszenierte sich Weltpolitik als aktuelles Geschehen, in dem das Volk nicht nur Zuschauer, sondern auch Akteur war. Ein Lehrstück für politische Bildung, weil nicht nur die aktuellen weltpolitischen Themen und Konflikte zur Debatte standen, sondern auch die – rechtlichen und epistemischen – Regeln, nach denen sie zu verhandeln sind. Und durch wen: denn dass die spanische Bevölkerung sich nicht – wie aus machtrealistischer Perspektive zu erwarten – unter die Fittiche der Macht flüchtete, sondern ihren eigenen, volkssouveränen Willen zum Ausdruck brachte, akzentuierte eben den Teilhabe-Anspruch, den der Ministerpräsident Aznar so demonstrativ glaubte missachten zu können, weil er sich aus der Gefolgschaft zur Weltmacht eine höherwertige Legitimation und eine für Spanien vorteilhafte politische Konstellation versprach.

Wegen ihrer dramatischen Verdichtung sind die spanischen Ereignisse vom 11. – 14.3. gewiss eine Ausnahmesituation gewesen; aber eben deswegen zeigen sich an ihnen Spezifika des Politischen besonders deutlich, und wer politisch bilden will, kann an dem kaum vorbeigehen, was für seinen Gegenstand – etwa auch gegenüber anderen Schulfächern – in einer Analyse dieser paradigmatischen Situation als spezifisch hervortritt:

- In der **räumlichen Dimension** zeigt sich eine paradoxe Identität von Nähe und Ferne. Das Nächste und das Fernste sind zugleich präsent und die Beteiligten und Betroffenen wissen darum. Sie deuten lokale Ereignisse wie die Anschläge in Madrid umstandslos als Ausdruck globaler Auseinandersetzungen und Probleme, etwa als islamistischen Terrorismus, wie ja auch die Handelnden, seien es die in Spanien lebenden Terroristen, sei es der spanische Ministerpräsident, ihre Handlungen aus dem Horizont globaler Auseinandersetzungen legitimieren. Bezugsrahmen von Handlungen und Deutungen sind also Weltgesellschaft und Weltpolitik; dies gilt heute selbst für formal so eindeutig nationalstaatliche Materien wie beispielsweise die Hartz-Gesetze, denen für jedermann sichtbar die globalisierten Konkurrenzverhältnisse auf die Stirn geschrieben stehen. Es wäre desorientierend und fatal, wenn politische Bildung demgegenüber im nationalstaatlichen Container verharren oder sich romantischen Illusionen der Unmittelbarkeit hingeben würde. Lesbar wird die Welt nur, wenn im Nahen, Unmittelbaren, der Schriftzug des Fernen, Vermittelten aufscheint. Die eigene Lebenswelt und ihre Veränderungen werden nur durch eine Wahrnehmungsweise durchschaubar, die auf „Weltwissen" zielt.

- In der **zeitlichen Dimension** ereignet sich Politik auf der Kante der Gegenwart. Etwas politisch entscheiden, heißt entscheiden, wie etwas künftig sein soll. In der Politik debattieren und entscheiden Gesellschaften über ihre Zukunft. Politische Fragen sind immer zukunftsoffene, oft dilemmatische Fragen. Für Politik als Gegenstand des Lernens und der Bildung heißt das, dass der Anteil an Geronnenem, Sedimentiertem, Positivierbarem, wenngleich beträchtlich, doch deutlich geringer ist als in anderen Schulfächern. Dafür hat das Fach ein wesentlich breiteres Feld des Diskursiven. Allein dies bewirkt, dass die didaktischen Regeln und Praktiken des Fachs *nicht primär* aus Übersetzung anderer Fachdidaktiken oder als Ableitung aus Allgemeiner Didaktik gewonnen werden können.

- Weil es immer darum geht, wie etwas zukünftig sein *soll*, hat Politik notwendig eine **normative Dimension**. Ob z.B. das künftige Gewicht Spaniens in der Weltpolitik oder demokratisch gelingende Teilhabe der leitende Gesichtspunkt sein soll, lässt sich nicht wertfrei entscheiden. Ebenso wenig wie die Politik kann sich daher die politische Bildung von einer angeblichen „normativen Überlast" befreien. Zukunftsgerichtete Diskurse schließen immer eine Debatte über die Maßstäbe ein, nach denen Gesellschaften über zukünftiges Zusammenleben entscheiden.

- Politik als Form gesellschaftlicher Selbststeuerung hat – daran hat die spanische Lektion nachdrücklich erinnert - auch eine **epistemische Dimension**. Nur wenn Geltungen in einem von Regierenden und Regierten geteilten Horizont von Objektivität geprüft werden können, haben demokratische Verfahren, haben Mandatierungen auf Zeit ein Fundament. Es käme einem Selbstdementi gleich, wenn politische Bildung diese epistemische Funktionsvoraussetzung von Demokratie- und eben ihrer selbst – aus dem Blick verlöre.

- In der **sozialen Dimension** stehen in politischen Fragen Umfang und Reichweite der Beteiligung und Betroffenheit immer mit zur Debatte. Wie in keinem anderen der funktional ausdifferenzierten Bereiche der Gesellschaft handeln die professionellen Akteure hier so ausdrücklich als Stellvertreter der Gesamtheit, dass die Legitimität ihrer Handlungen davon abhängt. Ob dieses Verhältnis - sowohl von der Seite der professionellen Akteure („Demokratiedefizit") wie von den Teilhabe-Berechtigten („Politikverdrossenheit") - intakt bleibt, ist selbst zu einem wichtigen Thema geworden. Politische Bildung kann sich nicht anders als über die Notwendigkeit begründen, die jeweils Heranwachsenden zur Teilhabe an Politik als Form der gesellschaftlichen Selbststeuerung zu befähigen. Ihre Selbstreflexion ist daher zwingend – explizit oder implizit – auf Bürgerrollen-Konzepte bezogen.

2. Bürgerrolle und politische Bildung

Statt mit didaktisch selbst gestrickten Bürgerrollen-Modellen zu operieren, ziehe ich einen Blick in die Gesellschaftsgeschichte der Begriffe und auf moderne Konzeptualisierungen der Staatsbürgerrolle vor. Beide Blickrichtungen bieten den Vorzug, Selbstverständniskonzepte des gesellschaftlichen Individuums mit gesellschafts- und politikgeschichtlichen Entwicklungen und Theoriekonzepten zu verbinden. Unter diesem Blick ordnet sich die Typologie der Bürgerrollen-Vorstellungen unter der bipolaren Codierung von privat/öffentlich. Weil die Emanzipation aus den geburtsständischen Zuweisungen die Einzelnen eben in dieser doppelten Hinsicht freisetzte – als bedürftige Wesen, die für ihre materiellen Lebensgrundlage zu sorgen hatten und als gesellschaftliche Wesen, welche ihre Erwartungen mit denen der anderen in Übereinstimmung zu bringen hatten – entfaltete sich bürgerliche Autonomie eben in zwei rollentypischen Ausprägungen, für die sich im Französischen die Begriffe „bourgeois" und „citoyen" herausbildeten. Während für „citoyen" sich im Deutschen eindeutig, aber nicht kongenial sehr bald „Staatsbürger" durchsetzte, oszillierte der „bourgeois" zwischen „Privatbürger", „Stadtbürger" oder einfach „Bürger", bis er im Klassenkampfbegriff der „Bourgeoisie" internationalisiert wurde (zur Begriffsgeschichte Riedel 1994).

Anders als in den deutschen Territorialstaaten des 19. Jahrhunderts, schließlich im Kaiserreich, wo die Bürger, auch wenn sie nicht nur „Privatbürger", sondern auch „Staatsbürger" sein wollten, gleichwohl „Untertanen" blieben, hatte die Revolution in Frankreich so eindeutig und unumkehrbar das bürgerliche Spielfeld wirtschaftlicher und politischer Freiheit geöffnet, dass sich hier die paradigmatischen Positionen herausbildeten, aus deren Perspektive sich jede der beiden bürgerlichen Sozialfiguren jeweils das politische Feld erschloss: Liberalismus und Republikanismus. Wie der eigentlich unpolitische Bourgeois im Liberalismus die paradoxe Politikform einer Politik zurückdrängenden Politik hervorbrachte, so der Citoyen im Republikanismus den Anspruch auf gleichberechtigte und stetige Gestaltung der öffentliche Angelegenheiten durch die Teilhabe aller.

Wie sich von diesen beiden Grundeinstellungen her Politik als gesellschaftliche Selbststeuerung nach wie vor erschließen und im Hinblick auf Teilhabe- und Legitimationsmodelle ordnen lässt, hat etwa Jürgen Habermas gezeigt (Habermas 1996). Auch wenn er für heutige kulturelle und kommunikative Verhältnisse ein gleichsam diskurstheoretisch moderiertes republikanisches Modell als ein drittes, deliberatives Demokratiemodell für angemessen hält, bleibt doch die ordnende Kraft der beiden Grundeinstellungen erhalten. Während Politik aus liberaler Perspektive „die Funktion der Bündelung und Durchsetzung gesellschaftlicher Privatinteressen" hat, ist sie aus republikanischer Perspektive „konstitutiv für den Vergesellschaftungsprozess im ganzen" (ebd. S.277). Während das republikanische Modell sich „am Input einer vernünftigen politischen Willensbildung" orientiere, sei das liberale „am Output einer erfolgreichen Leistungsbilanz der Staatstätigkeit" interessiert. Gerade im Unterschied zum republikanischen Modell sei deshalb nicht die demokratische Selbstbestimmung „Angelpunkt" des liberalen Modells, „sondern die rechtsstaatliche Normierung einer Wirtschaftsgesellschaft, die über die Befriedigung der privaten Glückserwartungen produktiv tätiger Bürger ein unpolitisch verstandenes Gemeinwohl gewährleisten soll" (ebd. S.287).

Ganz ähnlich bindet Fritz W. Scharpf den Legitimitätstypus politischer Entscheidungen an den Typus staatsbürgerlichen Selbstverständnisses: „Die inputorientierte Perspektive betont die ‚Herrschaft *durch das Volk'*. Politische Entscheidungen sind legitim, wenn und weil sie den ‚Willen des Volkes' widerspiegeln – das heißt, wenn sie von den authentischen Präferenzen der Mitglieder einer Gemeinschaft abgeleitet werden können. Im Unterschied dazu stellt die output-orientierte Perspektive den Aspekt der ‚Herrschaft *für das Volk'* in den Vordergrund. Danach sind politische Entscheidungen legitim, wenn und weil sie auf wirksame Weise das allgemeine Wohl im jeweiligen Gemeinwesen fördern." (Scharpf 1999, S. 16)

Über das Staatsbürger-Konzept als ihren Fluchtpunkt ist also politische Bildung auf das engste mit den Funktionsvoraussetzungen der Demokratie verknüpft. So selbstverständlich ist es freilich nicht mehr, dass es ein Demokratiekompatibles Staatsbürgerkonzept ist, welches diesen Fluchtpunkt bildet, wie etwa die Gefolgschaftsappelle in den autoritären Politikangeboten von Bush oder Aznar zeigten, die den Bürgern ziemlich unverblümt eine Rückkehr zum Untertanen-Verständnis ansinnen (vgl. Steffens 2003 a). Gleichwohl lassen sich an der Spannung zwischen liberalem und republikanischem Staatsbürgerkonzept wesentliche Fragen und Unterscheidungen für politische Bildung und ihre Didaktik entfalten. Wie etwa an Lehrplänen nachzuweisen (Steffens 2003 b), bildet die – häufig implizite – Entscheidung für einen Legitimationstyp oder ein Staatsbürgerkonzept so etwas wie ein Grundmuster für die weiteren curricularen und didaktischen Entscheidungen. Von ihr hängt ab, ob ein eher Subjekt- oder Institutionen- bezogenes Verständnis von Demokratie angeboten, ein eher aktives, eingreifendes oder ein eher passives, rezeptives Verhalten nahe gelegt wird, ob Themen und Probleme aus der Perspektive teilhabeberechtigter Bürger oder professioneller Akteure angeboten werden oder welcher Gestaltungshorizont – räumlich und sachlich – für Politik überhaupt für legitim gehalten wird.

Abbildung 1: Zwei Grundtypen der Staatsbürgerrolle in der Demokratie

	„starke" Staatsbürgerrolle *partizipativ*	**„schwache" Staatsbürgerrolle** *rezeptiv*
Habermas	*republikanisch* politische Willensbildung in öffentlichen Debatten; Teilhabe an Entscheidungsprozessen in transparenten Verfahren	*Liberal* rechtsstaatliche Normierung der Wirtschaftsgesellschaft; Gemeinwohl als Rahmen der Befriedigung privater Glückserwartungen
Scharpf	*Input-orientiert* Legitimation der Politik über den Input einer vernünftigen politischen Willensbildung	*Output-orientiert* Legitimation über den Output einer erfolgreichen Leistungsbilanz der Staatstätigkeit

Eine Orientierung am *liberalen* Staatsbürgerkonzept wird – dem paradoxen Politikbegriff entsprechend – zu curricularen und didaktischen Entscheidungen führen, die eher auf *allgemeine Lebensführungskompetenzen* – also so etwas wie *„Lebenshilfe"* – zielen und den Aufbau politischer Urteilsfähigkeit auf den Abgleich persönlicher Interessen mit dem politischen Output fokussieren. Eine Orientierung am *republikanischen* Modell wird demgegenüber den gesellschaftlichen Charakter von Politik stark machen und in der Befähigung zur *Teilhabe an öffentlichen Diskursen gesellschaftlicher Selbstverständigung* den wichtigsten Beitrag zum Aufbau politischen Urteilsvermögens sehen.

Beide Bürgerrollen-Konzepte sind, als Grundeinstellungen subjektiven Verhaltens zu Politik und Gesellschaft in der Moderne, im Rhythmus der Moderne wandlungsfähig. Das hat, wie oben erwähnt, Jürgen Habermas gezeigt, indem er die republikanische Einstellung mit einigen liberalen Zutaten zu einer deliberativen fortentwickelt hat, die über die in öffentlichen Selbstverständigungsdiskursen erzielten Geltungen hinaus auf Kompromissbildungen in Wertkonflikten ohne Konsensaussichten, z.B. in kulturell pluralistischen Gesellschaften, gerichtet ist, also auf Formen transnationaler Vergesellschaftung reagiert.

Die Wandlungsfähigkeit der liberalen Grundeinstellung zu einer neoliberalen, die sich von den nationalstaatlich entwickelten gesellschaftlichen Solidaritäten befreit und den Weltmarkt als politisch entgrenztes, aber rechtlich gesichertes Tätigkeitsfeld will, treibt seit zwei Jahrzehnten die Dynamik der (welt)gesellschaftlichen und (welt)ökonomischen Entwicklungen wesentlich mit an. Beide Grundeinstellungen haben, eben weil sie von ihrem Ansatz her auf diesseitig legitimierte, selbst gestaltete Gesellschaftlichkeit gerichtet sind, ein mit dem Horizont wachsendes Erweiterungspotential, welches letztlich auf – ökonomisch oder politisch-gesellschaftlich akzentuierte - Weltbürgerlichkeit geht. „Heute", so schreibt Ulrich Beck, „steht zur Diskussion, dass die Wirklichkeit selbst kosmopolitisch geworden ist". Der Kosmopolitismus habe aufgehört, „eine bloße, dazu noch umstrittene Vernunftidee zu sein, er ist, wie verzerrt auch immer, aus den philosophischen Luftschlössern aus- und in die Wirklichkeit eingewandert. Mehr noch: Er ist zur Signatur eines neuen Zeitalters geworden, des Zeitalters der reflexiven Moderne, in der sich die nationalstaatlichen Grenzen und Unterscheidungen auflösen und im Sinne einer Politik der Politik neu verhandelt werden." (Beck 2004, S.8)

3. Transformationskrisen und gesellschaftliche Lernprozesse

Auch wer gegenüber emphatischen Ausrufungen neuer Zeitalter eher zurückhaltend ist, wird kaum von der Hand weisen können, dass die gegenwärtigen Aufgaben politischer Bildung vor einem Hintergrund zu diskutieren sind, der durch Krisen und tiefgehende Umbrüche gekennzeichnet ist, deren bestimmender Bezugsrahmen auch dort global ist, wo sie sich nationalstaatlich konkretisieren. Ihre Felder lassen sich – aus der Perspektive westeuropäischer Gesellschaften – zugespitzt etwa so wie auf der nächsten Seite zusammengefasst darstellen.

Zur vertiefenden Kennzeichnung des Hintergrundes und der damit verbundenen gesellschaftlichen Lernaufgaben und Chancen kann eine Überlegung hilfreich sein, die Jürgen Habermas im Hinblick auf die „postnationale Konstellation" angestellt hat (Habermas 1998). Danach wäre eine Situation, in der die bisherigen Horizonte individueller und kollektiver – lebensweltlicher oder gesellschaftlicher – Selbstverständigungen durch die Auflösung/Schwächung sozialer Formationen von der Familie bis zum Nationalstaat als Hülle der Gesellschaft fragwürdig werden oder entschwinden, nicht neu in der europäischen Geschichte.

Abbildung 2:   Der Hintergrund: Eine Epoche der Krisen und des Umbruchs

- Krise der Weltordnung: Vorrang der Macht oder des Rechts?
- Krise des politischen Modells der Gleichberechtigung:
  Gefolgschaft oder Autonomie? (Welt-)bürger oder Untertan?
- Polarisierung der Weltdeutungen:
  Kampf der Kulturen oder Transformation zur Weltgesellschaft?
- Krise des marktwirtschaftlichen Modells:
  Weitere Deregulierung oder Regulierung der Märkte?
- Krise des Sozialstaats:
  Institutionalisierte soziale Gerechtigkeit oder Verantwortung des Einzelnen?
- Krise des gesellschaftlichen Selbstverständnisses:
  Konservierung von Binnengesellschaften oder Akzeptanz transnationaler Vergesellschaftung?
- Krise der gesellschaftlichen Naturverhältnisse:
  Ökonomisierung der Ökosphäre vs. ökologische Zukunftsverantwortung
- Krise der Bildungsgesellschaft:
  Bildung für die Mehrheitsgesellschaft oder Bildung als Voraussetzung gesellschaftlicher Teilhabe aller?

Betrachtet man sie nämlich unter der Frage, welche gesellschaftlichen Lernleistungen in ihr entbunden werden, so lässt sich die europäische Geschichte als eine charakteristische Folge der Öffnung und Schließung von Horizonten lebensweltlicher oder gesellschaftlicher Selbstverständnisse lesen. Die Auflösung herkömmlicher Horizonte – z.B. der christlichen Weltdeutung als Schöpfung – über eine – wenn auch konfliktreich und schmerzhaft erlittene – Dezentrierung der Perspektive führt dabei zum Aufbau eines neuen und um neue Formen sozialer Verständigung erweiterten Horizonts:

„Die europäische Entwicklung ist seit dem ausgehenden Mittelalter stärker als andere Kulturen durch Spaltungen, Differenzen und Spannungen charakterisiert – durch die Rivalität zwischen kirchlicher und säkularer Gewalt, durch eine regionale Zersplitterung der politischen Herrschaft, den Gegensatz zwischen Stadt und Land, durch die konfessionelle Spaltung und den tiefen Konflikt zwischen Glauben und Wissen, durch die Konkurrenz der großen Mächte, die imperiale Beziehung zwischen „Mutterländern" und Kolonien, vor allem durch Eifersucht und Krieg zwischen den Nationen. Diese scharfen, oft tödlich zugespitzten Konflikte sind – in den glücklicheren Momenten – auch ein Stachel zur Dezentrierung der jeweils eigenen Perspektiven gewesen, ein Antrieb zur Reflexion auf und zur Distanzierung von

Voreingenommenheiten, ein Motiv zur Überwindung des Partikularismus, zum Erlernen toleranter Umgangsformen und zur Institutionalisierung von Auseinandersetzungen. Diese Erfahrungen mit gelungenen Formen der sozialen Integration haben das normative Selbstverständnis der europäischen Moderne geprägt, einen egalitären Universalismus, der uns – den Söhnen, Töchtern und Enkeln eines barbarischen Nationalismus – den Übergang zu den anspruchsvollen Anerkennungsverhältnissen einer postnationalen Demokratie erleichtern kann" (Habermas 1998, S. 155f.).

Die gegenwärtige Triftigkeit dieser Überlegungen stützt Habermas, indem er Polanyis „Große Transformation" von 1944 (Polanyi 1978) nicht nur als Analyse einer im Faschismus regressiv entgleisenden politischen „Schließung" nach der durch Industrialisierung und Freihandel erzwungenen „Öffnung" der Gesellschaft, sondern auch als ein Modell für Transformationen in Gesellschaften liest, in denen sich die Auseinandersetzung um die Frage selbst regulierender Freiheit oder politischer Steuerung von Märkten polarisiert. Nach der in der Herausbildung der europäischen Wohlfahrtsstaaten der Nachkriegszeit gelungenen „Schließung", einer Balance von funktionaler und sozialer Integration der Gesellschaft, - so schreibt Habermas Polanyis Analyse fort – und der durch die neoliberale Deregulierung weltweiter Märkte herbeigeführten erneuten „Öffnung" stelle sich jetzt jedenfalls „die Frage nach Möglichkeiten der politischen Schließung einer global vernetzten, hoch interdependenten Weltgesellschaft ohne Regression – ohne die Art von welthistorischen Erschütterungen und Katastrophen, die wir aus der ersten Hälfte unseres Jahrhundert kennen" (Habermas 1998, S. 130). Nötig sei nun „eine Empfindlichkeit für jene eigentümliche Balance zwischen Öffnung und Schließung, die die glücklichen Stationen in der Geschichte der europäischen Modernisierung ausgezeichnet hat. Wir werden den Herausforderungen der Globalisierung nur auf vernünftige Weise begegnen können, wenn es gelingt, in der postnationalen Konstellation neue Formen einer demokratischen Selbststeuerung der Gesellschaft zu entwickeln" (Habermas 1998, S. 139).

Für eine Aufgabenbestimmung politischer Bildung, die den Anforderungshorizonten gesellschaftlicher Transformation und perspektivischer Dezentrierung gerecht werden und anstehende gesellschaftliche Lernprozesse begünstigen und fördern könnte, fehlt es keineswegs an Angeboten politischer und gesellschaftlicher Theorie; nicht allein Habermas' Analyse der „postnationalen Konstellation" böte – wie gezeigt – einen Rahmen für ein Verständnis gesellschaftlicher Veränderungen als – gelingender oder entgleisender – Lernprozesse. Ähnliches ließe sich auch für die Gegenwartsanalyse von Ulrich Beck, insbesondere für den Übergang von einer „ersten" in eine „zweite" Moderne sagen (Beck 1997, Beck/Bonß 2001) oder für die Debatte über die Fokussierungen sozialer Auseinandersetzungen, wie sie Nancy Fraser und Axel Honneth geführt haben (Fraser/Honneth 2003). Auch die um Konzepte von ‚Solidarität' zentrierten Überlegungen von Brunkhorst (1996; 2002; 2004) – um einen weiteren Argumentationsgang nur anzudeuten – entwickeln eine gesellschafts- und politiktheoretische Perspektive, aus der Prozesse der Globalisierung und ihre Katastrophen als Momente reflexiver Modernisierung, d.h. als Momente gesellschaftlicher Lernvorgänge beschreibbar und deutbar werden, die sich ziemlich bruchlos in pädagogisch-didaktische Aufgaben übersetzen lassen: Schule ist ja seit dem Übergang von der Agrargesellschaft zur bürgerlich industriellen Gesellschaft nicht nur der Ort disziplinärer Sozialisation für die Arbeitsgesellschaft, sondern auch das erste Erfahrungsfeld, auf dem die Heranwachsenden lernen können, wie man sich außerhalb der Familie und der lebensweltlichen Vertrautheit, also unter Fremden zu bewegen hat. Eben in der Förderung des Übergangs von der mechanischen zur organischen Solidarität (Durkheim) oder des Übergangs von einer Solidarität unter Freunden/Vertrauten/Familiären, einer Solidarität des Nestes oder der Blutsbande zu einer Solidarität unter Fremden liegt eine der wesentlichen Leistungen der Schule in der Moderne. Im Kern geht es dabei um die Ausbildung von Formen wechselseitiger Anerkennung, die auf der vorbehaltlosen Anerkennung gleichen Rechts des Lebens, der Bedürfnisse, der Perspektive beruhen und sich in der selbstverständlichen Berücksichtigung dieser gleichen Rechte realisieren. Im Zuge der europäischen Modernisierungsgeschichte hat sich ganz offenkundig der Horizont erweitert, innerhalb dessen die gleichen Rechte wechselseitig und selbstverständlich zugestanden werden. Wo in diesen Erweiterungsprozessen die Frage der Zugehörigkeit prekär wurde, es um religiöse oder soziale Ein- und Ausschlüsse ging, war es das Medium der Solidarität und seiner Modifikationen, in dem die Probleme der Zugehörigkeit schließlich gelöst wurden. Offenkundig ist Solidarität deshalb dazu imstande gewesen, weil in ihr lebensweltlich bewährte, auf Wechselseitigkeit beruhende Verständigungsorientierung gesellschaftlich – d.h. in Kommunikation unter Fremden – übersetzt werden kann.

4. Bildungswissenschaftliche Öffnungsimpulse

Für die sich so transformierende Welt, so Ulrich Beck, benötigen wir „dringend einen neuen Beobachtungsstandpunkt – den kosmopolitischen Blick –, um zu erfassen, in welchen gesellschaftlichen Wirklichkeiten wir leben und handeln". Er sei „Resultat und Voraussetzung begrifflicher Restrukturierung der Wahrnehmung". Es gelte, den „methodologischen Nationalismus" zu überwinden, der bisher in den Sozialwissenschaften dominiere (Beck 2004, S. 8). Wie treffend diese Diagnose auch für die Subdisziplin Politikdidaktik ist, zeigen schlagend die von Kerstin Pohl herausgegebenen Selbstdarstellungen (Pohl 2004; zur Kritik Moegling/Steffens 2004): Unbeirrt in der nationalstaatlichen Stube, an der Wand ein Häkeldeckchen mit dem „Beutelsbacher Konsens", beschäftigt sich die Politikdidaktik hier vor allem mit sich selbst.

Wer Blick öffnende Anregungen sucht, tut gut daran, sich anderswo umzuschauen, z.b. in der aspektreichen, theorieinteressierten, oft an (entwicklungs)politische Handlungsfelder anschließende Debatte um Globales Lernen. Klaus Seitz hat in seiner umfassenden Darstellung „Bildung in der Weltgesellschaft. Gesellschaftstheoretische Grundlagen Globalen Lernens" (Seitz 2002) diese Debatte strukturiert und sie an Fragestellungen und Konzepte der sozialwissenschaftlichen Weltgesellschaftsforschung angeschlossen. Dazu gehört zunächst, der „paradigmatischen Erkenntnisblockaden" im pädagogischen Denken inne zu werden; der „Bindung pädagogischer Grundbegriffe an ein territoriales und nationalstaatliches Gesellschaftsverständnis" (ebd. S. 8) ebenso wie – auf Seiten der engagierten Dritte-Welt-Pädagogik – einer Neigung zu diffusen Gemeinschaftsgefühlen und weltbürgerlicher Schwärmerei (ebd. S. 19ff.). Der Frage, „welche pädagogischen Konsequenzen aus soziologischen Theorieentwürfen zu ziehen sind, die die Welt als ein globales soziales System konzipieren" (ebd. S. 27), geht Seitz über die Rezeption insbesondere der Luhmannschen Systemtheorie, aber auch zentraler Denkansätze von Habermas, Beck, Robertson oder John W. Meyer nach. Im „Missverhältnis zwischen globaler Systemintegration und partikularer Sozialintegration in die Weltgesellschaft" (ebd. S. 148) markiert er den theoretisch wohl wichtigsten „link" zwischen soziologischer Diagnose und pädagogisch-didaktischer Selbstreflexion. Die „Ausbildung einer weltbürgerlichen Identität, die partikulare Gemeinschaftsbindungen transzendiert" (ebd. S. 148 f.), springt ersichtlich nicht wie von selbst aus einer ökonomisch basierten systemischen Integration hervor, sondern braucht - in verständigungsorientierte gesellschaftliche Kommunikation eingebettete - pädagogische Intentionalität, die auf „die Ausbildung einer Kompetenz zur humanen Gestaltung weltgesellschaftlicher Verhältnisse" verweist (ebd. S. 365). Ausgangspunkt und didaktischer Anknüpfungspunkt dafür ist, „die Weltbezüge der Lebenswirklichkeit zu enträtseln", also „den Blick dafür zu öffnen, dass Lebenswelt, Heimat und Identität, individuelle Lebens- und kollektive Entwicklungsperspektiven unter den Bedingungen einer vernetzten Welt gar nicht mehr anders als im Welthorizont begriffen werden können" (ebd. S. 382).

Auch wenn die Argumentation von Seitz nicht überall frei von holistischen Mystifikationen sind (etwa S. 398ff.), eine Folge der Neigung zur Aufnahme aller möglichen integrierbaren Ansätze, so leistet sie doch, gerade auch für die Politikdidaktik, überaus schätzenswerte und weithin vorbildliche Erschließungs-

und Übersetzungsarbeiten, eben weil sie sich der Aufgabe stellt, die weltgesellschaftlichen Transformationsprozesse im Medium ihrer Theorien zu diskutieren und auf ihre bildungstheoretischen und didaktischen Potentiale und Herausforderungen zu prüfen.

Aus einem ganz anderen Erfahrungshintergrund, dem der Kindheitsforschung und der Kindergartenerziehung, entwickelt Donata Elschenbroich die Forderung nach Blickwechsel und Horizonterweiterung pädagogischer Denkansätze und Praxen. Das „Weltwissen der Siebenjährigen" (Elschenbroich 2001) unterzieht die Selbstbeschränkung des „Situationsansatzes" als pädagogisches Paradigma der Kindergartenerziehung, der bildende Interventionen an sich einstellende Gelegenheiten unmittelbarer Wahrnehmungen bindet, einer Blick öffnenden Kritik, indem sie den sich über den „Situationsansatz" erschließenden alltäglichen Erfahrungsüblichkeiten ganze Listen von kindlichen Erfahrungsmöglichkeiten gegenüber stellt, die die Grenzen der Lebenswelt demonstrativ überschreiten und die Welt als Möglichkeitsraum der Bildung erschließen. „Die Überlegenheit des Möglichen über das Wirkliche muss immer spürbar bleiben. Das Wirkliche darf das Mögliche nicht so reduzieren, dass sich der Horizont schließt" (ebd. S. 24).

Horizonterweiterungen und Aneignung von Welt bilden neuerdings auch so etwas wie den bildungstheoretischen Fluchtpunkt vergleichender Empirie. Die Kompetenzmaßstäbe der PISA-Studie etwa beruhen auf einem Konzept gesellschaftlicher Teilhabe, die in ihren Voraussetzungen, Erfordernissen und Reichweiten universal gedacht ist. Es ist die Lesbarkeit der gesellschaftlich produzierten und entzifferbaren Welt, die die implizite Voraussetzung des Literacy-Konzepts bildet, welches Teilhabefähigkeit an elementare Anwendungsfähigkeit der dafür nötigen Symbol-Sprachen bindet. Ein ähnlicher Zusammenhang von Welterschließung und inklusivem, weil an der Teilhabe aller orientiertem Denken liegt offenbar- trotz ihres retrospektiven Titels – der Expertise „Zur Entwicklung nationaler Bildungsstandards" (Klieme 2003) zugrunde. Werden Fächer als „Weltsichten", also Zugänge zur gesellschaftlich produzierten Welt, durch die sich Teilhabe realisiert, gesehen, so versteht sich, dass Standards inklusiv, also als Basisvoraussetzung der Teilhabefähigkeit aller, formuliert werden.

5. Und die Politikdidaktik?

Ein einleitender Tagungsbeitrag hat Fragen eher aufzuwerfen als zu beantworten, darf zuspitzen, ohne lösungspflichtig zu sein. Daher darf er sich mit dem Angebot eines offenen Diskursfeldes verabschieden, ohne freilich zu wissen, ob die Mitspielenden es annehmen; gleichwohl nicht ohne Vertrauen darauf, in der eigenen Argumentation Sackgassen und Entwicklungsperspektiven politikdidaktischen Denkens hinreichend akzentuiert zu haben.

Abbildung 3: Weltwissen, Teilhabe, Lebenshilfe – woran orientiert sich politische Bildung? Ein Blick auf aktuelle Herausforderungen

Globale Transformationskrisen als (welt-)gesellschaftliche Lernprozesse	**Gesellschaftstheoretische Bearbeitungen von Transformationskrisen**
z.B. - Krise der Weltordnung - Krise des politischen Modells der Gleichberechtigung und Wechselseitigkeit - Krise des Sozialstaats	z.B. - Dezentrierung von Perspektiven (Habermas) - Solidarität unter Fremden (Brunkhorst) - 2. Moderne; kosmopolitischer Blick (Beck) - Umverteilung oder Anerkennung? (Fraser/Honneth) **als gesellschaftliche Lernprozesse**
Bildungswissenschaftliche Veränderungsdiskurse z.B. - Bildung in der Weltgesellschaft; Globales Lernen (Seitz) - Weltverstehen als Voraussetzung gesellschaftlicher Teilhabe (PISA) - Weltwissen statt Lebensweltorientierung (Elschenbroich) - Bildungsstandards, Kompetenzmodelle und fachliche Weltsichten (Klieme-Expertise)	**und die Politikdidaktik?**

Literatur

Beck, Ulrich 2004: Der kosmopolitische Blick oder: Krieg ist Frieden, Frankfurt

Ders. 1997: Demokratisierung der Familie. In: U. Beck (Hrsg.): Kinder der Freiheit, Frankfurt, S. 195 – 216

Beck, Ulrich/W. Bonß (Hrsg.) 2001: Die Modernisierung der Moderne, Frankfurt

Brunkhorst, Hauke 2002: Solidarität. Von der Bürgerfreundschaft zur globalen Rechtsgenossenschaft, Frankfurt

Ders. 1996: Solidarität unter Fremden, in: A. v. Combe u. W. Helsper (Hrsg.) Pädagogische Professionalität. Untersuchungen zum Typus pädagogischen Handelns, Frankfurt, S. 340 – 367

Ders. 2004: Bürgerschaftliche Solidarität im Prozess der Globalisierung – eine bildungstheoretische Perspektive, in: Gerd Steffens und Edgar Weiß (Hrsg.) 2004: Globalisierung und Bildung. Jahrbuch für Pädagogik 2004, Frankfurt, S. 99 - 112

Elschenbroich, Donata 2001: Weltwissen der Siebenjährigen, München

Fraser, Nancy/ Honneth, Axel 2003: Umverteilung oder Anerkennung? Frankfurt

GPJE (Gesellschaft für Politikdidaktik und politische Jugend- und Erwachsenenbildung) 2004 (Hrsg.): Nationale Bildungsstandards für den Fachunterricht in der Politischen Bildung an Schulen, Schwalbach

Habermas, Jürgen 1996: Drei normative Modelle der Demokratie. In: Die Einbeziehung des Anderen. Studien zur politischen Theorie. Frankfurt, S. 277 – 292

Ders. 1998: Die postnationale Konstellation, Frankfurt

Honneth, Axel 1992: Kampf um Anerkennung. Zur moralischen Grammatik sozialer Konflikte, Frankfurt

Klieme, Eckhard u.a. 2003: Zur Entwicklung nationaler Bildungsstandards. Eine Expertise. Vorgestellt am 18. Februar 2003

Moegling, Klaus/Gerd Steffens 2004: Beschauliche Innenansichten – Im Mainstream der Politikdidaktik, in: Polis. Report der Deutschen Vereinigung für Politische Bildung – Heft 3/2004

PISA 2000, Basiskompetenzen von Schülerinnen und Schülern im Vergleich. Hrsg. v. Deutschen PISA-Konsortium 2001, Opladen

Pohl, Kerstin (Hrsg.) 2003: Positionen der politischen Bildung - Ein Interviewbuch zur Politikdidaktik, Schwalbach

Polanyi, Karl 1978: The Great Transformation. Politische und ökonomische Ursprünge von Gesellschaften und Wirtschaftssystemen. Frankfurt

Riedel, Manfred 1994: Bürger, Staatsbürger, Bürgertum, in: Geschichtliche Grundbegriffe - Historisches Lexikon zur politisch-sozialen Sprache in Deutschland. Hrsg. von O. Brunner, W. Conze, R. Koselleck. Bd. 1. Stuttgart, 4. Aufl., S. 672 – 725

Scharpf, Fritz W. 1999: Regieren in Europa. Effektiv und demokratisch? Frankfurt / New York

Seitz, Klaus 2002: Bildung in der Weltgesellschaft. Gesellschaftstheoretische Grundlagen Globalen Lernens. Frankfurt

Steffens, Gerd 2003a: Der Weltbürger als Untertan, Blätter für deutsche und internationale Politik, 11/2003, S. 1333 – 1341

Ders. 2003: Wie sie die Welt sehen sollen. Politikverständnis und Perspektiven der Weltwahrnehmung in hessischen Lehrplänen 1949–2002. In: Konflikt, Entwicklung, Frieden. Emanzipatorische Perspektiven in einer zerrissenen Welt, Hrsg. v. M. Berndt/I. El Masry, Kassel. S. 149 - 168

Auf dem Weg zu nationalen Bildungsstandards in der politischen Bildung? Der Entwurf der GPJE

Wolfgang Sander

1. Vorbemerkung

Am 3. Dezember 2003, einen Tag vor einer wichtigen Tagung der Kultusministerkonferenz (KMK), hat die Gesellschaft für Politikdidaktik und politische Jugend- und Erwachsenenbildung (GPJE) einen Entwurf für nationale Bildungsstandards für den Fachunterricht in der politischen Bildung an Schulen fertig gestellt und der KMK übersandt. Der Text wurde dann im Januar 2004 in einer Broschüre veröffentlicht (GPJE 2004) und ist seitdem auf lebhaftes Interesse in der Fachöffentlichkeit gestoßen. Der vorliegende Beitrag erläutert die Entstehung dieses Entwurfs vor dem Hintergrund der KMK-Initiative zur Entwicklung nationaler Bildungsstandards und stellt dessen wesentliche Merkmale vor.

2. Der Kontext: das KMK-Projekt „nationale Bildungsstandards"

Nachdem bereits 1997 der internationale Schulleistungsvergleich TIMSS für Mathematik in der deutschen Öffentlichkeit für Irritationen angesichts des schlechten Abschneidens deutscher Schülerinnen und Schüler gesorgt hatte, haben die Ergebnisse der PISA-Studie vier Jahre später (Deutsches PISA-Konsortium 2001) zu einer nachhaltigen Erschütterung über die Resultate des deutschen Schulwesens und zu einer breiten Debatte über die Qualität der Schulen geführt. Für die Erziehungswissenschaft und die Fachdidaktiken waren die Ergebnisse dieser Studien weniger überrascht, denn die Mängel der Unterrichtskultur an vielen deutschen Schulen sind im Prinzip seit langem bekannt und wurden schon häufig beschrieben. Neu ist seit PISA allerdings das wieder erwachte Interesse der Öffentlichkeit an bildungspolitischen Fragen.

Man mag darüber streiten, inwieweit in der deutschen Bildungspolitik, insbesondere in der KMK, die Tiefe der kulturellen und institutionellen Krise der Schule (vgl. u.a. Sander 2003) bisher tatsächlich wahrgenommen worden ist und wie weit die Veränderungsbereitschaft politisch wirklich geht (s.u. Abschnitt 4). Gleichwohl muss man konstatieren, dass die KMK mit dem Vorhaben, nationale Bildungsstandards für die Schulen zu entwickeln, eine konkrete Reforminitiative ergriffen hat, die je nachdem, in welcher Weise sie weiterhin verfolgt werden wird und welche praktischen Konsequenzen aus ihr letztendlich gezogen werden, eine grundlegende Umsteuerung in der deutschen Bildungspolitik bewirken kann. Tatsächlich geht es dem Anspruch nach bei nationalen Bildungsstandards um weit mehr als um eine zusätzliche Regulierungsebene, die bisherige Vorgaben für die Schule wie Lehrpläne und Abituranforderungen lediglich ergänzt oder harmonisiert. Das Projekt „nationale Bildungsstandards" verbindet sich konzeptionell mit der Vorstellung eines grundlegend anderen politischen Steuerungsmodells für die Schulen, als es bisher in Deutschland dominierte.

Die Grundsatzentscheidung zur Entwicklung nationaler Bildungsstandards fiel in der KMK am 25. Juni 2002. Daraufhin regte das Bundesministerium für Bildung und Forschung an, die konzeptionellen Grundlagen für solche Standards in einem Gutachten klären zu lassen, und beauftragte das Deutsche Institut für Pädagogische Forschung (DIPF), eine entsprechende Expertengruppe zusammenzustellen und eine Expertise auszuarbeiten. Die KMK erklärte, Ergebnisse der Expertise bei der Arbeit an Bildungsstandards berücksichtigen zu wollen. Diese Expertise wurde dann in nur fünf Monaten von einer Expertengruppe unter Leitung von Prof. Dr. Eckhard Klieme (DIPF) ausgearbeitet (Bundesministerium 2003) und im Februar 2003 von der Bundesbildungsministerin Edelgard Bulmahn und der damaligen Präsidentin der KMK, Karin Wolff, der Öffentlichkeit vorgestellt. Bereits im Frühjahr 2003 wurden dann erste Entwürfe für nationale Bildungsstandards in Deutsch, Mathematik und Erster Fremdsprache für den mittleren Bildungsabschluss im Internet öffentlich zur Diskussion gestellt, mit einer Rückmeldefrist für Kritik und Anregungen bis September; ferner war beabsichtigt, auf der KMK-Plenartagung am 4.12.2003 die aufgrund solcher Rückmeldungen überarbeiteten Standards in Kraft zu setzen und über das weitere Vorgehen zu beschließen. Dies ist dann auch so geschehen.

Im 1. Bildungsbericht für die Bundesrepublik, der im Auftrag der KMK im September 2003 veröffentlicht wurde, wird der konzeptionelle Zusammenhang des Projekts „nationale Bildungsstandards" nochmals zusammengefasst (hier zitiert nach der im Internet publizierten Zusammenfassung der ersten Befunde, www.kultusministerkonferenz.de):

- „Das Land muss sich auf qualitativ anspruchsvolle Ziele seines Bildungssystems verständigen, es muss die erwartete Qualität der Ergebnisse seiner Bildungsanstrengungen formulieren.
- Das Land muss Verfahren entwickeln, mit denen es überprüfen kann, ob die zur Zielerreichung eingeschlagenen Mittel Ziel führend sind; es muss nach der Effektivität seines Bildungssystems fragen. ...
- Deutschlands Schüler werden mit einer im internationalen Vergleich eher durchschnittlichen Gesamtstundenzahl ... unterrichtet. Dies geschieht auf der Grundlage einer weltweit wohl einmaligen Anzahl und Vielfalt an Lehrplänen und Stundentafeln in den Ländern und Schulformen, die nur noch schwer zu überschauen ist und die Gefahr der Ungleichheit bei der Teilhabe an Bildung in sich birgt. Die erwartete Wirkung als Instrument der Steuerung von Schule und Unterricht entfalten Stundentafeln und Lehrpläne damit nur zum Teil. Bildungsstandards können die Steuerung der schulischen Praxis überschaubarer, transparenter und verbindlicher machen." (S. 2 f. und 7)

Nationale Bildungsstandards stellen sich vor diesem Hintergrund als Kernstück einer möglichen Umorientierung der Schulpolitik dar, die in der Expertise von 2003 als Weg von der „Input-Steuerung" zur „Output-Steuerung" beschrieben wird: „Wurde unser Bildungswesen bislang ausschließlich durch den ‚Input' gesteuert, d.h. durch Haushaltspläne, Lehrpläne und Rahmenrichtlinien, Ausbildungsbestimmungen für Lehrpersonen, Prüfungsrichtlinien usw., so ist nun immer häufiger davon die Rede, die Bildungspolitik und die Schulentwicklung sollten sich am ‚Output' orientieren, d.h. an den Leistungen der Schule, vor allem an den Lernergebnissen der Schülerinnen und Schüler." (Bundesministerium 2003, S. 11 f.) Hier setzt das Projekt der nationalen Bildungsstandards an. Bildungsstandards „formulieren verbindliche Anforderungen an das Lehren und Lernen in der Schule" (ebd., S. 9). Diese Anforderungen werden in Form von *Kompetenzen* definiert:

„Bildungsstandards konkretisieren die Ziele in Form von *Kompetenzanforderungen*. Sie legen fest, über welche Kompetenzen ein Schüler, eine Schülerin verfügen muss, wenn wichtige Ziele der Schule als erreicht gelten. Systematisch geordnet werden diese Anforderungen in Kompetenzmodellen, die Aspekte, Abstufungen und Entwicklungsverläufe von Kompetenzen darstellen. ... Mit dem Begriff „Kompetenzen" ist ausgedrückt, dass die Bildungsstandards – anders als Lehrpläne und Rahmenrichtlinien – nicht auf Listen von Lehrstoffen und Lerninhalten zurückgreifen, um Bildungsziele zu konkretisieren. Es geht vielmehr darum, Grunddimensionen der Lernentwicklung in einem Gegenstandsbereich (einer ‚Domäne', wie Wissenschaftspsychologen sagen, einem Lernbereich oder einem Fach) zu identifizieren. Kompetenzen spiegeln die grundlegenden Handlungsanforderungen, denen Schülerinnen und Schüler in der Domäne ausgesetzt sind." (ebd., S. 21 f.)

Zur Logik der angestrebten Output-Steuerung der Schule gehören nun zwei weitere wesentliche Aspekte: Zum einen benötigen die Schulen weit größere Freiräume als bisher bei Entscheidungen darüber, wie die angestrebten Kompetenzen am besten zu erreichen sind. Dies betrifft den ganzen Problemkomplex der Dezentralisierung des Schulwesens und der Schulautonomie. Zum anderen müssen die Leistungen der Schulen beim Erreichen der Standards evaluiert werden, und zwar bezogen auf Leistungen der Schülerinnen und Schüler – an deren Lernergebnissen sollen die Schulen dann gemessen und beurteilt werden. Für diesen Zweck hat die KMK am 4.6.2004 beschlossen, an der Humboldt-Universität in Berlin ein „Institut für Qualitätsentwicklung im Bildungswesen" als gemeinsame Einrichtung der Länder zu gründen, dem die Überprüfung und Weiterentwicklung der Bildungsstandards obliegen soll.

Die Expertise empfiehlt ferner, nationale Bildungsstandards durch „Kerncurricula" zu ergänzen, die das obligatorische Fächergefüge und zentrale Themen und Inhalte benennen sollen. Dies stellt in gewisser Weise ein Festhalten an der Tradition von Lehrvorgaben – wenn auch in einer modifizierten und dem Anspruch nach deutlich reduzierten, den Schulen mehr Freiräume lassenden – Form und damit eine Durchbrechung der angestrebten Output-Steuerung dar. Begründet wird dieser eigentümliche Widerspruch in der Expertise letztlich mit den Schwierigkeiten, eine seit rund 200 Jahre etablierte Form der Steuerung schnell umzustellen, und der Notwendigkeit, bei den „Akteuren" (gemeint sind hier wohl in erster Linie: Lehrerinnen und Lehrer) „Akzeptanz für die intendierten Veränderungen zu schaffen" (ebd., S. 94). Man wird aber nicht zuviel interpretieren, wenn man in diesem Zusammenhang darauf hinweist, dass die KMK schon vor PISA mit den Entwicklungsarbeiten für solche Kerncurricula begonnen hatte und dass es hier möglicherweise darum ging, diesen Prozess nicht mehr zu stoppen.

3. Die Initiative der GPJE

In diesem bildungspolitischen Umfeld fand am 28. und 29. Juni die 4. Jahrestagung der GPJE in Bergisch-Gladbach statt, die sich mit diesen aktuellen bildungspolitischen Reformentwicklungen befasste. Im Ergebnis der intensiven Diskussion wurde beschlossen, dass die GPJE einen eigenen Entwurf für nationale Bildungsstandards für den Politikunterricht ausarbeiten wird, der auf einem breiten innerfachlichen Konsens in der Fachdidaktik basieren und der KMK als

Vorschlag des Faches vorgelegt werden soll. Mit der Ausarbeitung eines ersten Entwurfes wurden Prof. Dr. Peter Massing (Berlin) und der Verfasser dieses Beitrags beauftragt; hierbei spielte die Überlegung eine Rolle, dass eine Einigung dieser beiden Autoren, die als Repräsentanten unterschiedlicher Strömungen in der Politikdidaktik gesehen wurden, auf einen gemeinsamen Entwurf eine gute Grundlage für ein konsensuelles Ergebnis bieten könnte. Dieser erste Entwurf sollte den Mitglieder per Mail bekannt gegeben und auf einer Mitgliederversammlung der GPJE am Rande einer Tagung der „Gesellschaft für Fachdidaktik" am 15. September 2003 in Berlin beraten werden. Diese Mitgliederversammlung hat dann den vorgelegten Entwurf im Grundsatz beschlossen sowie eine Redaktionsgruppe eingesetzt, die den Text mit Blick auf die Diskussion und Vorschläge aus der Mitgliedschaft nochmals überarbeiten sollte. Dieser Gruppe gehörten neben den beiden Verfassern des Vorentwurfs noch Prof. Dr. Joachim Detjen (Eichstätt), Prof. Dr. Hans-Werner Kuhn (Freiburg), Prof. Dr. Dagmar Richter (Braunschweig) und Prof. Dr. Georg Weißeno (Karlsruhe) an. Von der Redaktionsgruppe wurde der Gesamttext am 23. November 2003 auf einer Arbeitstagung in Kassel endgültig beschlossen, anschließend wurde die Herstellung der Druckvorlage realisiert und der fertige Text am 3.12. der KMK übersandt.

Dieser zeitliche Ablauf lässt erkennen, dass es der GPJE nicht um einen gewissermaßen „akademischen" Text auf der Basis einer sehr langen und breiten innerfachlichen Diskussion, sondern um eine konkrete bildungspolitische Intervention ging: Es ging darum, sich in einem bereits laufenden bildungspolitischen Prozess mit Aussicht auf Erfolg nicht nur zu Wort zu melden, sondern als Fachdidaktik für die politische Bildung die Initiative zu gewinnen. Es sollte nicht abgewartet werden, ob die KMK auf ihrer Tagung am 4.12. von sich aus einen Beschluss zur Entwicklung von Standards für die Fächergruppe der politischen Bildung fassen würde und wen sie mit der Ausarbeitung eines entsprechenden Entwurfs beauftragen würde; zu groß schien nach aller Erfahrung das Risiko, dass entweder diese Fächergruppe von der KMK per se als nicht standardisierungsfähig und damit gewissermaßen als Fächer „zweiter Klasse" betrachtet oder aber dass angesichts der Heterogenität, die die Situation der Fachunterrichts in der politischen Bildung in den Ländern kennzeichnet (von der Fachbezeichnung über die inhaltlichen Zuschnitte bis zum Stundenanteil) bei einer interministeriellen Initiative in der KMK eine Orientierung am kleinsten gemeinsamen Nenner statt an den von der Politikdidaktik für notwendig gehaltenen Qualitätsansprüchen erfolgen könnte.

Die Entscheidung für eine solche bildungspolitische Initiative hatte für die GPJE zwei wesentliche Konsequenzen: Erstens musste ein Entwurf bis zum 4.12.2003, dem Tag also, an dem die KMK über ihr weiteres Vorgehen beraten würde, vorliegen; zweitens musste ein solcher Entwurf im konzeptionellen Ansatz, in Sprache, Gliederung und Umfang sich strikt an den Vorgaben orientieren, denen die anderen bis dahin vorgelegten Entwürfen für nationale Bildungsstandards in anderen Fächern zu entnehmen waren, wenn der Entwurf eine Chance auf Resonanz in den Kultusministerien haben sollte.

Diese Vorgaben spiegeln sich dementsprechend auch im Entwurf der GPJE. Der Kompetenzbegriff orientiert sich an der Expertise von 2003, die Gliederung entspricht mit einer Ausnahme der aller anderen vorliegenden Standards für andere Fächer: Auf eine kurze Einleitung, die den Beitrag des jeweiligen Faches zur Bildung in knapper und allgemein verständlicher Form beschreibt, wird ein Kompetenzmodell mit mehreren Kompetenzbereichen vorgestellt, denen im nächsten Kapitel zu erreichende Standards zugeordnet werden. Bezogen auf diese Standards werden dann in einem abschließenden Teil konkrete Aufgabenbeispiele entwickelt, die die Arbeit nach den Standards illustrieren und zugleich als erste Vorüberlegungen zu möglichen zukünftigen Evaluationen gelesen werden können. Der GPJE-Entwurf weicht nur insofern von dieser Struktur ab, als er Standards und Aufgabenbeispiele nicht nur für den mittleren Bildungsabschluss, sondern zusätzlich für das Ende der Grundschulzeit, für das Ende der gymnasialen Oberstufe und für das Ende des beruflichen Bildungswesens formuliert. Diese Entscheidung hat systematische Gründe, weil sich die intendierte Lernentwicklung im Fach besser im Zusammenhang beschreiben lässt, sie hat aber auch einen strategischen Aspekt, weil der Entwurf auf diese Weise verdeutlichen kann, dass politische Bildung tatsächlich auf allen Schulstufen in den Stundentafeln angemessen repräsentiert sein muss.

4. Konzeptionelle Merkmale des GPJE-Entwurfs

Wesentliche Rahmenbedingungen, an denen sich ein Entwurf für nationale Bildungsstandards in der politischen Bildung orientieren muss, wenn er in einem gegeben bildungspolitischen Umfeld Aussicht auf Wirksamkeit haben soll, waren damit gewissermaßen von außen, durch die Bildungspolitik, bereits vorgegeben, und die GPJE hat sicher gut daran getan, sich nicht in Grundsatzdebatten über diese Rahmenbedingungen zu verzetteln.

Dennoch setzt der Entwurf wichtige Zeichen. Unabhängig von der Frage, ob ihn die KMK letzten Endes übernehmen wird, stellt der Text einen wichtigen Markstein für den innerfachlichen Diskurs dar: Immerhin handelt es hierbei nicht nur um die erste umfangreichere Konsensformulierung seit dem Beutelsbacher Konsens von 1976, es handelt sich im Grunde um die erste aus dem Fach selbst kommende und auf breiter Basis in der zuständigen Wissenschaft konsensfähige, elaborierte Formulierung von Zielen und Aufgaben der politischen Bildung in der Geschichte des Faches in Deutschland überhaupt. Damit setzt er für die Entwicklung von Lehrplänen, Prüfungsanforderungen, Lernmaterialien und die Lehrerausbildung im Fach für die nächsten Jahre De-Facto-Standards, auch wenn er de jure nicht zu verbindlichen Vorgabe für die Länder werden sollte.

Im Einführungskapitel nimmt der Entwurf mehrere wichtige Positionsbestimmungen vor. Erstens bezeichnet er, wenig überraschend, „politische Mündigkeit" als allgemeine Zielperspektive politischer Bildung. Zweitens betont er den Zusammenhang zwischen politischer Bildung als Fach, als Unterrichtsprinzip und als Dimension der schulischen Alltagskultur. Drittens definiert er „Politik" als allgemeinen Gegenstandsbereich des Faches, dies allerdings auf der Grundlage eines „umfassenden Politikbegriffs" (GPJE 2004, S.10), der „Politik im engeren Sinne" (als Entscheidungsprozess im politischen System), „wirtschaftliche Fragen und Probleme", „Fragen und Probleme des gesellschaftlichen Zusammenlebens" sowie „rechtliche Fragen und Probleme" umschließt. Mit diesem konzeptionellen Zugang wird eine gemeinsame Lösung zwischen „engeren" und „weiteren" Fachzuschnitten in verschiedenen Bundesländern gesucht. Hiernach gehören Wirtschaft, Gesellschaft und Recht in die politische Bildung hinein, und es wird ausdrücklich betont, das das Fach die „fachlichen Perspektiven der Sozialwissenschaften" (ebd., S. 9) in der Schule repräsentiert; diese werden aber nicht additiv verstanden, sondern unter der leitenden Perspektive der *politischen* Bildung „in ihren wechselseitigen Zusammenhängen" (ebd., S. 11) betrachtet. Viertens greift der Entwurf die Vorstellung von unterschiedlichen Ebenen oder Tiefenschichten des Politischen auf, die im Unterricht berücksichtigt werden sollen (ebd., S. 11; vgl. dazu auch Sander 2001, S. 107 ff.; die Bedeutung von Schlüsselproblemen als einer „mittleren Ebene" zwischen aktueller Politik und allgemeinen Grundfragen des gesellschaftlichen Zusammenlebens, die auch Gegenstand der politischen Theorie und Philosophie sind, geht in der Politikdidaktik bis auf Hilligen und Klafki zurück). Fünftens schließlich schlägt der Entwurf vor, das Unterrichtsfach in der Schule künftig bundesweit einheitlich zu bezeichnen: in der Grundschule als „Sachunterricht", in den Sekundarstufen als „Politische Bildung". Hier geht der Entwurf wohl am deutlichsten über den derzeitigen Status quo hinaus, der durch ein Wirrwarr an heterogenen Fachbezeichnungen in den Bundesländern und zum Teil sogar innerhalb eines Bundeslandes geprägt ist. Ein solcher Durchbruch zu einer gemeinsamen Fachbezeichnung, die ja in anderen Fächern längst selbstverständlich ist, wäre wohl in der Tat ein wesentlicher Schritt zur weiteren Profilierung des Faches in der Schule. Sie würde auch der Tatsache Rechnung tragen, dass die Politikdidaktik die Vielfalt der Fachbezeichnungen faktisch seit langem ignoriert und sich als einheitliche Fachdidaktik der sozialwissenschaftlichen Fächer versteht.

Im Zentrum des GPJE-Entwurfs steht folgendes Kompetenzmodell, an dem die Standards für die verschiedenen Kompetenzbereiche und Schulstufen sich orientieren:

Abbildung 1: Kompetenzbereiche der Politischen Bildung (GPJE 2004: 13 f.)

Konzeptuelles Deutungswissen

Politische Urteilsfähigkeit	**Politische Handlungsfähigkeit**
Politische Ereignisse, Probleme und Kontroversen sowie Fragen der wirtschaftlichen und gesellschaftlichen Entwicklung unter Sachaspekten und Wertaspekten analysieren und reflektiert beurteilen können	Meinungen, Überzeugungen und Interessen formulieren, vor anderen angemessen vertreten, Aushandlungsprozesse führen und Kompromisse schließen können

Methodische Fähigkeiten

Sich selbstständig zur aktuellen Politik sowie zu wirtschaftlichen, rechtlichen und gesellschaftlichen Fragen orientieren, fachliche Themen mit unterschiedlichen Methoden bearbeiten und das eigene politische Weiterlernen organisieren können

Die Definition von Zielen politischer Bildung nach diesen drei Kompetenzbereichen wird politikdidaktisch näher begründet bei Sander 2001 (54 ff.); jedoch legen die Bildungsstandards das Fach nicht auf ein bestimmtes didaktisches Konzept fest. Vielmehr zeigt Pohls zeitlich schon vor diesem Entwurf für Bildungsstandards vorgenommene Auswertung von Positionen der aktuellen Politikdidaktik, dass politische Urteilsfähigkeit, politische Handlungsfähigkeit und methodische Fähigkeit tatsächlich als weithin unumstrittene Zielvorstellungen für eine zeitgemäße politische Bildung gelten können, ungeachtet teilweise unterschiedlicher Auffassungen über möglicherweise weitergehende Ziele und deren normative Begründungsmöglichkeiten (vgl. Pohl 2004, 317 ff.). Allerdings waren solche Auffassungsunterschiede für die Formulierung der Bildungsstandards zweitrangig, weil es gemäß dem Kompetenzbegriff, der der KMK-Expertise zugrunde liegt, hier nur um solche Kompetenzen gehen konnte, die grundlegende *Handlungsanforderungen* in einem Fach beschreiben (und nicht z.B. Einstellungen), die evaluierbar sind und die sich im Sinne einer Lernprogression in Teilkompetenzen näher beschreiben und Schulstufen zuordnen lassen.

Zwei Beispiele mögen illustrieren, wie innerhalb dieses Kompetenzmodell im GPJE-Entwurf Lernprogression gedacht wird. Um Missverständnisse zu vermeiden, sei darauf hingewiesen, dass die einzelnen Kompetenzformulierungen auf den verschiedenen Schulstufen nicht etwa in einem Gitterraster wie in den Lernzieltaxonomien der 1970er-Jahren einander eindeutig zugeordnet werden; vielmehr beschreiben die Kompetenzen eines Bereichs jeweils *insgesamt*, welches Maß an Urteilsfähigkeit, Handlungsfähigkeit und methodischen Fähigkeiten auf der jeweiligen Stufe erreicht werden soll. Insoweit handelt es bei den folgenden Beispielen um selektive Ausschnitte aus einem größeren Zusammenhang:

Beispiel 1: aus dem Bereich „Politische Urteilsfähigkeit"
Die Schülerinnen und Schüler...
Ende der Grundschule: „... können an Beispielen Aufgaben öffentlicher Institutionen auf verschiedenen politischen Ebenen erklären"
Ende der Sekundarstufe I: „... verfügen über ein reflektiertes Grundverständnis des politischen Systems der Bundesrepublik Deutschland, ihrer Wirtschafts- und Gesellschaftsordnung sowie ihrer Verflechtungen. ..."
Ende der Sekundarstufe II: „... können an einem für die Lerngruppe geeigneten Beispiel einen politische Entscheidungsprozess in wesentlichen Aspekten analysieren ...."

Beispiel 2: aus dem Bereich „Methodische Fähigkeiten"
Ende der Grundschule: „...können eine soziale Situation gezielt beobachten und über die Beobachtung berichten"
Ende der Sekundarstufe I: „... ein Interview (z.B. eine Expertenbefragung) planen, ausführen und auswerten ... können"
Ende der Sekundarstufe II:
„... können mit politischen und einfacheren sozialwissenschaftlichen Texten sicher umgehen"
„... können in elementarer Form an begrenzten Fragestellungen selbst sozialwissenschaftlich arbeiten (z.B. kleine statistische Erhebungen, Interviewreihen, Wahlprognose)"

---

5. Offene Fragen und Probleme des KMK-Projekts

Ob das Projekt „nationale Bildungsstandards" der KMK letzten Endes den erwünschten Erfolg einer durchgreifenden Reform der schulischen Alltagskultur und einer deutlichen Qualitätssteigerung der schulischen Leistungen haben wird, bleibt erst noch abzuwarten (vgl. auch die skeptischen Bemerkungen bei Behrmann 2004). Auf der einen Seite ist dieses Projekt, wie schon erwähnt, der greifbarste Reformschritt nach dem PISA-Debakel; auf der anderen Seite gibt es aber auch Grund zu der Befürchtung, es könnte bei einem oberflächlichen Aktionismus bleiben, der letzten Ende die Überregulierung des deutschen Schulwesens verstärkt statt sie zu reduzieren.

Indizien, die solche Befürchtungen stützen könnten, gibt es durchaus. Sie ließen sich bereits innerhalb der Expertise mit deren Festhalten an Kerncurricula begründen, was man als durchaus halbherzig verstehen kann, denn in der Logik eines alternativen Steuerungsmodell läge es doch, Bildungsstandards für alle inhaltlichen Bereiche schulischen Lernens klar zu definieren und die Schulen entsprechend zu evaluieren, ihnen aber gleichzeitig freie Hand bei „der Wahl der Mittel" zu lassen und ihnen damit tatsächlich die Verantwortung zuzumuten, die sie brauchen, um für ihre Resultate auch verantwortlich gemacht werden zu können. Ferner gibt es zwischen der Expertise und den Vorgaben der KMK für Bildungsstandards eine gravierende und in der öffentlichen Diskussion kaum beachtete Differenz: Die Expertise spricht sich für nationale Bildungsstandards als *Mindeststandards* aus, die von *allen* Schülerinnen und Schülern erreicht werden sollen, während die KMK die Entwicklung von *Regelstandards* verfolgt, die auf verschiedenen *Anforderungsbereichen* bewältigbar sein sollen – ein Unterschied mit weit reichenden Folgen, denn im ersten Fall (Mindeststandards) ist zunächst einmal die Schule dafür verantwortlich, dass die angestrebten Ziele erreicht werden, der zweite Fall (Regelstandards) lässt die Tür für die unselige Tradition der deutschen Schulkultur offen, in erster Linie den Schülerinnen und Schüler die Verantwortung für die Resultate schulischen Lernens zuzuschieben. Im Grunde kurios ist es schließlich, dass die KMK von den Fächern eine Beschreibung ihres „Beitrags zur Bildung" erwartet, ohne auch nur im Mindesten den Versuch gemacht zu haben darzulegen, was sie selbst denn heute unter „Bildung" versteht und was sie als generellen Auftrag der Schule sieht. Es ist ferner bemerkenswert, wie wenig Bereitschaft die KMK erkennen lässt, über strukturelle Fragen der modernen Schule öffentlich nachzudenken und wie selbstverständlich sie von der Dauerhaftigkeit der bestehenden Strukturen ausgeht. Damit ist, um Missverständnisse zu vermeiden, nicht nur die alte Debatte um Drei- (bzw. Vier-) Gliedrigkeit des Schulsystems versus Gesamtschule gemeint, die der deutschen Bildungspolitik seit nunmehr 30 Jahren einen geradezu neurotischen Zug verliehen hat. Damit sind auch Fragen gemeint wie, um Beispiele zu nennen, die nach einem angemessenen Dienstrecht für den Lehrerberuf jenseits des tradierten Beamtenrechts (und des BAT), nach einer neuen Binnenstruktur für schulische Lernangebote jenseits der Kleinteiligkeit des bisherigen Fachunterrichts, nach neuen und flexibleren Zeitstrukturen (für das Lernen der Schüler wie für die Arbeit der Lehrer), nach einer zeitgemäßen Schularchitektur (was soll eigentlich aus den Bauruinen der 1970er-Jahre werden?), nach einer völlig neu zu konzipieren Schulaufsicht und vielleicht sogar die nach der Zukunft der deutschen Version der Schulpflicht.

Anlass zur Skepsis gibt es also genug. Dennoch wäre es unverantwortlich, die Chancen, die trotz alledem in der Idee stecken, Kompetenz orientierte Bildungsstandards zu entwickeln, zu übersehen und nicht den Versuch zu machen, die politische Bildung in dieser Debatte aktiv zu positionieren und zu profilieren. Eben diesen Versucht macht die GPJE mit ihrem Entwurf für nationale Bildungsstandards – nicht mehr, aber auch nicht weniger.

Literatur

Behrmann, Günter C. 2004: Können Kerncurricula und Bildungsstandards der politischen Bildung dienen? Bildungsgeschichtliche Betrachtungen zur gegenwärtigen Reformdiskussion. In: GPJE (Hrsg.): Politische Bildung zwischen individualisiertem Lernen und Bildungsstandards. Schwalbach

Bundesministerium für Bildung und Forschung (Hrsg.) 2003: Zur Entwicklung nationaler Bildungsstandards. Eine Expertise. Bonn

Deutsches PISA-Konsortium (Hrsg.) 2001: PISA 2000. Basiskompetenzen von Schülerinnen und Schülern im internationalen Vergleich. Opladen

GPJE 2004: Nationale Bildungsstandards für den Fachunterricht in der Politischen Bildung an Schulen. Ein Entwurf. Schwalbach

Pohl, Kerstin 2004: Positionen der politischen Bildung 1. Ein Interviewbuch zur Politikdidaktik. Schwalbach

Sander, Wolfgang 2001: Politik entdecken – Freiheit leben. Neue Lernkulturen in der politischen Bildung. Schwalbach

Sander, Wolfgang 2003: Vom „Unterricht" zur „Lernumgebung". Politikdidaktische und schulpädagogische Überlegungen zur politischen Bildung nach der Belehrungskultur. In: GPJE (Hrsg.): Lehren und Lernen in der politischen Bildung. Schwalbach

Das sachlogische Kerncurriculum[1]

Tilman Grammes

Kann es von der Logik der Sache her überhaupt ein sozialkundliches bzw. sozialwissenschaftliches Kerncurriculum, einen inhaltlichen Kanon gar, geben? Wäre dies nicht in jedem Fall ein Ausdruck kodifizierter Macht, die curricular auf die Lehrer und vermittelt über diese auf die Köpfe der jungen Generation einzuwirken versuchte, dergestalt als „offizielles Curriculum" jeglichen Interessenpluralismus still stellt und damit allen Geboten von Demokratie-Pädagogik und Beutelsbach entgegenliefe? Aus politikdidaktischer Sicht sieht es so aus, als ob die Antwort tatsächlich „Nein" lauten müsse. Denn: „Die Lehrgüter der politischen Bildung sind - relativ - austauschbar" (Fischer 1993, 19; sinngemäß schon Fischer u.a. 1960). Nach dieser bekannten Fischer-Formel sollen die Inhalte mit den objektiven Vorgaben der Tagesaktualität auf der einen und den subjektiven Interessen der Lernenden auf der anderen Seite wechseln. Bestimmbar wären also nur *operative* Standards und Kompetenzen – also Methoden *(das Lernen lernen)*, nicht aber *materiale* Inhalte.

Die Unterrichtspraxis steht beständig vor dem Problem, sich entweder in Nebensächlichkeiten zu verlieren oder zu einer überspannten „Weltproblemkunde" zu werden. Diese strukturell eingebaute Flexibilität der Inhaltsfrage spiegelt sich dann im ungünstigen Fall in einem Schülerurteil wider, das keinen fachlichen „Kern" wahrzunehmen vermag (Moegling 2003: 22ff., Hartmann 1979). Einen entsprechenden, nur meinungsaustauschenden Gelegenheitsunterricht belegen Schülerinnen und Schüler gerne mit dem Verdikt „Laberunterricht". Signifikante Problemanzeigen von Fachleitern und Unterrichtsforschern kritisieren „bloßes Andiskutieren" von Themen, „relativierende Meinungsgirlanden" und „extemporierendes 'Betroffenheits'-Palaver". Im Gegenzug zu diesem Relativismusvorwurf wird Problemkomplexität im Unterricht durch eine moralisierende Betrachtungsweise entpolitisiert. Das ist exemplarisch u.a. an der Behandlung umweltpolitischen Themen gezeigt worden.

Die Fischer-Formel stellt eine fachdidaktische Konsequenz aus der allgemeindidaktischen Diskussion um das exemplarische Prinzip der Stoffauswahl in

---

[1] Dieser Beitrag geht unmittelbar hervor aus den fruchtbaren Diskussionen mit Sibylle Reinhardt, Günter C. Behrmann und Peter Hampe in der Expertisegruppe „Kerncurriculum in der gymnasialen Oberstufe" der KMK. (Behrmann/Grammes/Reinhardt 2004). Für alle weiteren Aspekte der Expertise muss auf diese Veröffentlichung verwiesen werden.

den 50er Jahren dar (zusammenfassend Klafki 1959). Die damit eingeleitete Begründung der wissenschaftlichen Politikdidaktik – ihre sog. „didaktische Wende" – kann als Vorläufer der heutigen Diskussion um Kerncurricula, d.h. um exemplarische Inhalte, angesehen werden. In der Fischer-Formel bündelt sich seitdem – bei allen Differenzen im Detail – ein gemeinsamer Kern fachdidaktischer Konzeptionen, der sich durchaus auch in Lehrplänen niedergeschlagen hat. Die Grundfigur dieses Unterrichts – seine Dramaturgie – ist die kategoriale Konfliktdidaktik.

Abbildung 1: Kategoriale Konfliktdidaktik

Der Fachunterricht soll von aktuellen und exemplarischen Konflikten (Fallprinzip) ausgehen. Dabei werden Schülerinteressen aufgenommen und im „Brückenschlag" von Betroffenheit und Bedeutsamkeit, von Mikrowelt und Makrowelt, von sozialem und politischem Lernen, von Politik im weiteren und Politik im engeren Sinne mit gesellschaftlichen Anforderungen vermittelt. Aufgabe ist, „das Politische" in sozialen Prozessen zu entdecken. An konkreten Fällen sollen verallgemeinerungs- und transferfähige Erkenntnisse und Verfahren gewonnen werden, um diese auf ein vertieftes Fallverständnis rückzubeziehen (Rekonkretisierung).

Der Fachunterricht soll den Schülerinnen und Schülern dadurch helfen, gesellschaftliche Konflikte (Situationen, Fälle, Probleme) mit Hilfe von Werkzeugen zunehmend selbstständig zu analysieren, um zu einem eigenständigen, begründeten Urteil (im Unterschied zur bloßen Meinung) und zu Handlungsorientierungen zu kommen. Diese Werkzeuge werden unterschiedlich bezeichnet, als Einsicht, Option, Schlüsselfrage oder Kategorie. Zentrale Kategorien sind z. B. Konflikt, Macht, Interesse, Öffentlichkeit, Recht, Entscheidung, Institution, Funktionszusammenhang, Ideologie, Geschichtlichkeit, Menschenwürde, Gemeinwohl; in der Wirtschaftsdidaktik Konkurrenz, Preis, Markt etc. Diese Kategorien dürfen nicht als „Begriffsinseln" isoliert stehen, sondern müssen zu einem zusammenhängenden *Netz von Vorstellungen* ausgebaut werden (sozialwissenschaftliche Theorien und Konzepte, große Ideen/big ideas).

Um die Kategorien sachgerecht zur Urteilsbildung heranzuziehen, muss der Lernende über Methode, d. h. über kognitive Werkzeuge, zunehmend bewusst verfügen (Denkweisen und Methodenkompetenz). Auf Politik bezogener Unterricht wird sich deshalb in jedem Fall als ein konflikt- und entscheidungsorientierter Unterricht ausweisen müssen. Dafür sind in der Fachdidaktik „Werkzeuge" entwickelt worden, die aus der Politikwissenschaft übernommen wurden und Eingang in die Schulbücher gefunden haben:

- Dimensionen des Politischen: Form, Inhalt, Prozess politischer Entscheidungen
- Politikzyklus (Senesh 1966)
- sozialwissenschaftlicher Forschungszyklus: Problem - Fragestellung - Hypothesenbildung - projektartige Untersuchung - Ergebnis - Transfer.
Schülerinnen und Schüler sollen dadurch zur *gesellschaftlichen Teilhabe (Partizipation)* befähigt werden, d.h. mindestens an der aktuellen politischen Publizistik partizipieren können (Minimalziel). Urteilskompetenz und Handlungskompetenz sind in im Modell des Interventionsbürgers zwingend aufeinander bezogen.

In modellhaften Unterrichtsskizzen, die noch heute gültig und lesenswert sind, haben Engelhardt (1964) und Giesecke (1964) das Prinzip der kategorialen Konfliktdidaktik fast gleichzeitig an dem Fall der Spiegel-Affäre von 1962 demonstriert. An diesem Konflikt wird exemplarisch das elementare Spannungsverhältnis zwischen individuellem Grundrecht auf Informationsfreiheit und staatlichem Interesse an nationaler Sicherheit herausgearbeitet und die mögliche Macht der kritischen Öffentlichkeit in einer Demokratie gezeigt.

Es handelt sich um ein internationales Paradigma - was bemerkenswert genug ist angesichts des „deutschen Sonderwegs" der Pädagogik. Die fallorientierte Konfliktdidaktik wird zeitgleich in den USA entwickelt, maßgeblich z.B. im Konzept der „public controversy" durch die Harvard-Wissenschaftler Oliver/Shaver (1966, 2/1974). Es wird dort bis heute diskutiert, evaluiert und weiterentwickelt (Hess 2002, CCE 1985/Koopmann 2001).

Dem Paradigma unterliegt als Arbeitsbegriff ein formaler Politikbegriff: Politik als Aufgabe ist ein beständiger und institutioneller Prozess der gesellschaftlichen Problemlösungen. Politik ist die Herstellung allgemeinverbindlicher *Entscheidungen* zwischen widerstreitenden Interessengruppen. Mit diesem *pädagogischen* Politikbegriff lässt sich eine Lernumgebung (Raum) schaffen, in der Jugendliche ihre eigenen und je unterschiedlichen Politikverständnisse entwickeln und korrigieren können. Der formale Arbeitsbegriff lässt unterhalb Spielraum für die kontroverse Diskussion je unterschiedlicher inhaltlicher Politikkonzepte. Dadurch werden Pluralismusgebot und Kontroversprinzip eingelöst.

Von der Politikdidaktik wird oft übersehen, dass in der benachbarten Wirtschaftsdidaktik als Grundfigur des Unterrichts ebenfalls ein kategorialer Ansatz vorgeschlagen worden ist. Er geht auf Dauenhauer (1978) zurück und wird zu einem Satz ökonomischer Stoffkategorien als Strukturmerkmalen des Wirtschaftlichen gebündelt (Kruber 2001, vgl. May 2001, aber auch Kaminski 2001). In der Wirtschaftsdidaktik wirkt der kategoriale Ansatz zwar von vornherein stärker an einer – monoparadigmatischen – Wissenschaftssystematik als an Stoffkategorien orientiert, das Fallprinzip wird aber ebenso vertreten.

Abbildung 2: Ökonomische Stoffkategorien

1 Knappheit
Die Verwendungskonkurrenz von Ressourcen äußert sich in Knappheit von Mitteln im
Verhältnis zu den Zielen (Bedürfnissen) der Menschen.

2 Kosten, Nutzen
Dies erfordert Nutzen-Kosten-Überlegungen und Entscheidungen gemäß dem ökonomischen Prinzip unter Risikobedingungen.

3 Arbeitsteilung
Wirtschaften vollzieht sich arbeitsteilig in spezialisierten Berufen, Betrieben.

4 Organisation, Marktkoordination
Wirtschaftsprozesse bedürfen der Koordination, die im Betrieb über Organisation, in der Marktwirtschaft überwiegend über Märkte im Wettbewerb erfolgt.

5 Wirtschaftskreislauf
Wirtschaften vollzieht sich, vermittelt durch Geld, in Wirtschaftskreisläufen zwischen Haushalten, Unternehmen, Staat und Ausland.

6 Interdependenz, Zielkonflikte
Wirtschaften ist mit Interdependenzen und oft mit Zielkonflikten verbunden.

7 Wandel, Instabilität
Wirtschaftsprozesse vollziehen sich nicht gleichgewichtig (Strukturwandel, Gefahr von Instabilitäten wie z.B. Inflation, Arbeitslosigkeit).

8 Externalitäten, Ungleichheit
Wirtschaften ist mit Externalitäten sowie materiellen und sozialen Ungleichheiten verbunden.

9 Staatseingriffe
Dies (8) erfordert Eingriffe des Staates in den Wirtschaftsablauf oder die Wirtschaftsordnung (Konjunktur-, Sozial-, Umweltpolitik).

10 Interessenkonflikte
Wirtschaftliche Entwicklungen und wirtschaftspolitische Eingriffe berühren die Interessen Einzelner oder von sozialen Gruppen unterschiedlich (Interessenkonflikte).

11 Wertbezug
Wirtschaftspolitische Entscheidungen berühren Werte wie Freiheit, soziale Gerechtigkeit und Sicherheit und sind daher Gegenstand politischer Auseinandersetzungen.

12 Wirtschaftsordnung
Wirtschaften erfolgt in einer Rahmenordnung aus rechtlichen, sozialen und anderen Institutionen (Wirtschaftsordnung; Prinzipien der Sozialen Marktwirtschaft).

13 Gestaltung, Legitimierung

> Wirtschaftsordnung und -verfassung werden im demokratischen Staat gestaltet und legitimiert (Institutionen und Prozesse politischer Willensbildung). (Hedtke 2002: 10 nach: Kruber 2001a)

Das kategoriale Paradigma ist auch für das historische Lernen von der Geschichtsdidaktik entwickelt worden (Behrmann u.a. 1978). Ebenso in der Geographiedidaktik.

Das Paradigma der kategorialen Konfliktdidaktik nimmt bereits in den 60er Jahren im Anschluss an Bruner, Ausubel und die erste Auflage des einflussreichen „Handbook on Teaching" (Gage u.a.) Ergebnisse der amerikanischen *kognitiven Lernpsychologie* auf: Man lernt, wenn aus einem Besonderen, in dem sich ein Allgemeines abbildet, jenes Allgemeine so deutlich gemacht wird, dass es – als Schlüsselbegriff, als Regel, als Problem - an einem neuen Besonderen wieder erkannt werden kann (Wolfgang Hilligen). Bei jedem Fall muss herausgearbeitet werden, worauf es ankommt, d. h. die Sache in ihrer abstrakten Form und das Wiedererkennen dann im neuen Fall. Wo dieser *Pulsschlag* nicht fast am Ende einer jeden Unterrichtseinheit gesucht wird, wird nur träges Detailwissen angehäuft und es kommt zu keiner Lernprogression in den Urteilsstrukturen. Damit wird die Gleichzeitigkeit des Lernens (am Stoff) und des Lernens des Lernens umgesetzt – dies sei die ganze Pointe der Didaktik allgemeiner Bildung seit Wilhelm von Humboldt (so unlängst der Bildungshistoriker Heinz-Elmar Tenorth in einem Interview).

Daher mag es verwundern, wenn es aus heutiger Sicht so aussieht, als sei das kategorial Prinzip eine „stillgelegte Baustelle" (Uwe Sandfuchs). Wolfgang Sander (2001) hat der kategorialen Fachdidaktik gar eine inhaltliche Totalabsage erteilt. Ich will im folgenden zeigen, dass das kategoriale Paradigma einen systematisch-curricularen Zugriff auf die Frage nach einem Kanon als dem sachlogischen Kerncurriculum eröffnet. Wenn man dieses Paradigma und die darin konzipierte Grundform eines politischen Lernprozesses auf das darin möglicherweise enthaltene Konzept eines Kerncurriculum befragt, so sind drei Begründungsstränge denkbar: Begriffe/Konzepte, Schlüsselprobleme, Verfahren (Form = Inhalt). Sie folgen logisch auseinander, so dass es sich um eine geeignete Übung im fachdidaktischen und curricularen Denken, z.B. in Seminaren, handelt.

1. Begriffe und Konzepte (key concepts)

Die erste Antwort ist die nahe liegendste. Wenn die aktuellen Fälle wechseln, so bilden doch zumindest die an sie heranzutragenden Kategorien eine Konstante.

Die Kategorien und Werkzeuge der Konfliktanalyse - vor dem Hintergrund bzw. im Zusammenhang mit Theorien - *sind* dann das gesuchte Kerncurriculum - so einfach. Entsprechend machen viele Lehrpläne die Kenntnis bestimmter Grundbegriffe verpflichtend. Diese liegen naturgemäß auf unterschiedlichen Ebenen (vgl. Henkenborg 1997):

- Schlüsselbegriffe
- Zusammenhänge (Theorien und Modelle)
- Denkweisen (Methoden).

Kategorien sind konzipierbar als alltagssprachliche Termini (Umgangssprache), als Stoff-/Sachkategorien (so z.B. die Liste in Abb. 2) sowie als wissenschaftliche Fachbegriffe (structure of the discipline, so z.B. die Liste in Abb. 4).Ein *Minimum* an „Ankerwörtern" (Nominalbegriffe) müsste auf verschiedenen Ebenen für eine gemeinsame öffentliche Verständigung als offene Liste vereinbart werden:

- ausgewählte Namen (politische Repräsentanten, Länder und Organisationen);
- Daten zu „Wendepunkten" (1949, 1961, 1968, 1989, 11.9.2001);
- Sachkenntnisse (rudimentäre Kenntnisse des bürgerlichen Rechts, des Wirtschaftslebens und Geschäftsverkehrs).

Hinzu kommt eine Informations- und Medienkompetenz, wo solche Kenntnisse sich bei Bedarf zuverlässig nachschlagen lassen. Dieses deklarative Wissen ergibt dann eine kognitive Landkarte des mündigen Bürgers/einer mündigen Bürgerin.

Um die These Kategorien=Kerncurriculum im fachdidaktischen Diskurs konsensfähig zu machen, muss der Terminus „Kategorie" allerdings von einigen erkenntnis- und wissenschaftstheoretischen Überfrachtungen in der deutschsprachigen bildungstheoretischen Didaktiktradition entschlackt und als einfacher pragmatischer Arbeitsbegriff geführt werden. Politik- und wirtschaftsdidaktische Kategorien sind sozialwissenschaftliche Ober-Begriffe[2] (auch: Schlüsselbegriffe, „Makros", Ankerbegriffe), mit denen Wissenschaft ihr System ordnet. Erkenntnistheoretische Positionen, z.B. Wesensaussagen, können, müssen damit aber nicht verknüpft werden - die Diskussion darüber wäre Teil des Fachunterrichts selber.

---

[2] In diesem Sinne wird der Terminus „category" in der angloamerikanischen Lernpsychologie verwendet.

Es ist eine entlastende Einsicht, dass sozialwissenschaftliche Bildung genau wie naturwissenschaftliche Bildung zu einem beträchtlichen Teil als Begriffs-Lernen konzipiert wird und werden muss, weil sozialwissenschaftliche Fachdidaktiken damit an ein international erfolgreiches Forschungsparadigma anknüpfen können. Als ein „Netz von Vorstellungen" (so schon Arnold Bergsträsser, 1961), als key concepts und cognitive map (kognitive Landkarte) in der späteren Sprache der Curriculumtheorie sollen die Begriffe (Kategorien) eine „Grammatik" der Politik, Gesellschaft, Wirtschaft, Recht zur Verfügung stellen (vgl. DIFF 1985). Mit naturwissenschaftlicher teilt sozialwissenschaftliche Bildung auch das didaktische Problem, dass wissenschaftliche Sprache (Fachsprache) und Umgangssprache die gleichen Termini verwenden, damit aber unterschiedliche Bedeutungen verbunden sind (z.B. in den Naturwissenschaften „Kraft", in den Sozialwissenschaften „Gesetz", „Gewalt"). Dadurch liegen unaufgedeckte Fehlverständnisse und Scheinverstehen nahe (eine Liste solcher Fehlverständnisse vgl. Behrmann/Grammes/Reinhardt 2004).

Angesichts dieser zentralen Funktion, die Ankerbegriffen bei der Konzeption eines gesellschaftlich-politischen Bildungsprozesses programmatisch zugeschrieben wird, verwundert es eigentlich, dass in den sozialwissenschaftlichen Fachdidaktiken nur eine rudimentäre Reflexion zur Didaktik und Methodik des Begriffs-Lernens vorliegt. Am ehesten ist das noch in der Wirtschaftsdidaktik der Fall (vgl. Dubs 1989). Eine kohärente Forschungstradition von Studien zu den alltäglichen Deutungskonzepten und den Entwicklungslogiken von Kernbegriffen und Deutungsmustern ist daher vordringliche fachdidaktische Entwicklungsaufgabe (vgl. Grzesik 1992).

Die intern vorgebrachten Kritiken am Konzept kategorialer Bildung und dessen „offenen Flanken" (Sander 2001: 59-63; Massing 1995) sind m.E. allesamt konzeptionell sowie praktisch relativ leicht lösbar:

- der „nebulöse" erkenntnis- und wissenschaftstheoretische Status der Kategorien und ihr bildungstheoretischer Ballast: es spricht nichts gegen eine lernpsychologische Auffassung von Kategorien als strukturierenden sozialwissenschaftlichen Makrobegriffen;
- Kategorien seien von Sachlogiken und nicht von Lernlogiken her konzipiert und bleiben in der Unterrichtspraxis zusammenhanglos („leere Begriffsinseln") und werden auswendig gelernt (Schematismus); mit Politikzyklus und Forschungszyklus liegen längst Instrumente vor, Begriffe in einen zusammenhängenden Ablauf zu integrieren, z.B.:

Abbildung 3:   Kategorien politischer Bildung in der Phasenstruktur einer
Problemanalyse

Vorphase:	Einstieg und Planungsgespräch
Kategorien:	Problem/Konflikt; Betroffenheit/Bedeutsamkeit; Meinung
Erste Hauptphase:	Situationsanalyse: Was ist?
Kategorien:	Information; Interessen/Beteiligte; Interpretation/Ideologie; Geschichtlichkeit/Strukturen
Zweite Hauptphase: Möglichkeitserörterung: Was ist politisch möglich?	
Kategorien:	Macht/Organisation; Recht/Verfahrensregeln/Institutionen; Beteiligung/Mitbestimmung; Koalition/ Kompromiss / Zielkonflikte; Durchsetzung/ Entscheidung
(In beiden Hauptphasen mögliche Zwischenschritte: Systematische Information, erneutes Planungsgespräch, Zwischenzusammenfassung)	
Dritte Hauptphase:	Urteilsbildung/Entscheidungsdiskussion: Was soll geschehen?
Kategorien:	Menschenwürde (Freiheit, Gerechtigkeit Friede); Zumutbarkeit/Grundkonsens; Legitimität/Gemeinwohl; Wirksamkeit/Folgen/Verantwortbarkeit (Mögliche Ergänzung: Vertiefende prinzipielle Orientierung)
Anschlussphasen:	Transfer und Kontrolle; Metakommunikation
	Sutor 1992: 35

- es gibt kein Kategoriensystem, auf das sich die Sozialwissenschaften insgesamt stützen würden: Es spricht nichts dagegen (Kontroversprinzip des Beutelsbacher Konsens), mehrere Kategoriensysteme plural nebeneinander zu verwenden, die sich teilweise überschneiden, z.B. für die unterschiedlichen Gegenstandsfelder und die zugeordneten sozialwissenschaftlichen key concepts (vgl. Hedtke 2002). Dies stellt für Jugendliche vielmehr eine wichtige wissenschaftspropädeutische Erfahrung dar.

Abbildung 4:   Key Concepts: Social Studies

Concepts typically listed for the seven disciplines commonly considered as constituting the social sciences follow.
a) Anthropology: culture, tradition, role, society, customs, technology, values, change, community, beliefs, social organization, civilization.

b) Economics: scarcity, services, money, specialization, production, saving, interdependence, market, trade, goods, prices, opportunity cost.

c) Geography: location, scale, population, maps, habitat, settlements, globe, urbanization, mountains, lakes, region, resources, deserts, and so on.

d) History: chronology, periods, revolution, causation, facts, civilization, continuity, interpretation, ancient, change, institutions, modern.

e) Political science: authority, laws, citizenship, state, sovereignty, revolution, power, politics. Democracy, government, bureaucracy.

f) Psychology: learning, personality, individual, perceptions, memory, differences, senses, behaviour, group processes, motivation, attitudes, intelligence.

g) Sociology: group, norms, socialization, status, social control, institutions, role, values, family, class.

Lists of this kind point toward the individual nature of each discipline. For purposes of integrating or cutting across disciplines, as well as adding concepts and emphases more characteristic of social studies in the elementary and secondary grades, another approach has been taken. The following is a well-known example of this alternative approach, taken from the early days of the "new social studies".

a) Substantive concepts: sovereignty, power, habitat, conflict, morality and choice, culture, industrialization/urbanization, scarcity, institution, input and output, social control, secularization, saving, social change, compromise and adjustment, modified market economy, interaction, comparative advantage.

b) Value concepts: dignity of man, loyalty, freedom and empathy, government by consent, equality.

c) Method concepts: historical method, analyses and synthesis, interpretation, geographical approach, questions and answers, evaluation, causation, objectivity, evidence, observation, classification, measurement, scepticism.

Morrissett 1991: 183f.

2. Schlüsselprobleme

Gerade junge Menschen in der Adoleszenzkrise fragen nach dem Grundsätzlichen hinter der Oberfläche der Aktualitäten (Sinnorientierung). Dies ist eine zentrale Entwicklungsaufgabe (Erikson, Havighurst) in ihrem Bildungsgang. Das Aktualitätsprinzip widerspricht dem nicht, denn wenn immer wieder Fälle im Zentrum stehen, bleibt es nicht aus, dass sich bestimmte Konfliktkonstellationen zu problemhaltigen Strukturen verdichten. Diese werden von der Allgemeinen Didaktik als Schlüsselprobleme bezeichnet. Der UNESCO-Bericht über Erziehung und Bildung für das 21. Jahrhundert (Delors-Kommission, 1994) formuliert

Schlüsselprobleme als dialektische Spannungsverhältnisse zwischen Globalem und Lokalem, Universalem und Individuellem, Tradition und Modernität, langfristigen und kurzfristigen Überlegungen, Wettbewerb und Chancengleichheit, Wissensexplosion und kognitiver Verarbeitungsfähigkeit, Geistigem und Materiellem. Auch Wolfgang Klafki zentriert seinen bekannten Katalog von „Schlüsselproblemen" um soziale und politische Kompetenzen, eine allgemeindidaktische Steilvorlage für die politische Bildung, so dass diese geradezu als Kern einer neuen Allgemeinbildung erscheinen könnte.[3]

Entsprechende fachdidaktische Konkretisierungen sind sowohl in der Politikdidaktik als auch in der Wirtschaftsdidaktik gemacht worden. Mit der Frage „Worauf es ankommt" hatte Wolfgang Hilligen bereits Anfang der 60er Jahre gesellschaftliche *Zeitdiagnose und Zukunftsbezug* zu einer Bildungskonzeption verknüpft. Auch in der Wirtschaftsdidaktik gibt es eine an Schlüsselfragen orientierte Tradition der Sozialökonomik (so bereits Bockelmann 1964: 53ff. von der christlichen Soziallehre her, später politökonomische Ansätze). Mit der „Zukunftsdidaktik" von Peter Weinbrenner (1997: 134f. mit Bezug auf Ulrich 1979, vgl. Petrik 2004) liegt eine ausgereifte Fassung der Vermittlung der Domänen Wirtschaft und Politik, der Politikfelder Wirtschaftspolitik und Sozialpolitik vor.

Abbildung 5: Zukunftsorientierung als Schlüsselqualifikation (Ziel- und Inhaltsstruktur)

I Einübung in globales und generationsüberschreitendes Denken
1. Fähigkeit, das Verhältnis von Mensch und Natur in evolutionsgeschichtlicher Perspektive zu betrachten und eine Vorstellung von den globalen Eingriffen des Menschen in den Naturhaushalt und Lebensraum des Menschen zu entwickeln.
2. Fähigkeit zu erkennen, dass auf einem endlichen Planeten mit begrenzten Ressourcen auf die Dauer keine wachsende Bevölkerung mit steigenden Ansprüchen existieren kann, sondern ein dauerhaftes Gleichgewicht zwischen Abbau- und Aufbauprozessen gefunden werden muss.
3. Fähigkeit, die Globalität der ökologischen Krise zu erkennen und Bereitschaft, auch den Verzicht auf nationale Souveränitätsrechte zugunsten globaler und zukunftssichernder Lösungen zu akzeptieren.
4. Bereitschaft, zukünftigen Generationen das gleiche Recht auf Leben, Existenzsicherung und Ressourcennutzung zuzubilligen wie der jetzt lebenden Generation.

---

[3] Klafki nennt – zuletzt 2003 – als Qualifikationen globale Schüsselprobleme: Friedensfrage, Umweltfrage, gesellschaftlich produzierte Ungleichheit, Gefahren und Möglichkeiten der neuen technischen Steuerungs-, Informations- und Kommunikationsmedien, Erfahrung der Liebe, der menschlichen Sexualität, des Verhältnisses zwischen den Geschlechtern.

5. Fähigkeit und Bereitschaft, gewohnte Denkweisen, Leitbilder und Vorurteile im Hinblick auf persönliche, aber auch politische Zielvorstellungen im Lichte der Wertmaßstäbe für das Überleben des Planeten Erde und der Gattung Mensch zu überprüfen und gegebenenfalls zu revidieren.

6. Fähigkeit und Bereitschaft, in grenz- und generationsüberschreitenden Modellen und Systemen zu denken.

7. Bereitschaft, Mitverantwortung für die Sicherung der materiellen Existenzgrundlagen für eine wachsende Weltbevölkerung zu übernehmen.

8. Prüfen, inwieweit individuelle, betriebliche und nationale Rationalität zu irrationalen, d.h. zukunftsgefährdenden gesellschaftlichen, volkswirtschaftlichen und internationalen (globalen) Folgen führt.

9. Prüfen, ob und inwieweit unser Lebensstil und unsere Konsumansprüche verallgemeinerbar sind, d.h. auf alle jetzt und zukünftig Lebenden übertragen werden können.

II Analyse zukunftsbedrohender Faktoren

1. Fähigkeit, die zukunftsbedrohenden Risikofaktoren und ihre gegenseitige Abhängigkeit (Interdependenz) zu erkennen.

2. Erkennen, dass angesichts der verfügbaren Vernichtungspotentiale und der verheerenden ökonomischen, sozialen und ökologischen Folgen Krieg kein Mittel der Politik mehr sein kann.

3. Erkennen, dass durch die steigenden Lasten der Rüstungsproduktion eine globale Verschwendung knapper Ressourcen stattfindet, die zur Beseitigung von Hunger und Armut, Analphabetismus und Krankheit in vielen Ländern der Welt dringend benötigt werden.

4. Erkennen, dass die zunehmenden Umweltbelastungen und Großrisiken des Industriesystems die natürlichen Lebensgrundlagen kommender Generationen gefährden.

5. Erkennen, dass die entwickelten Industriesysteme Technologien und Gefährdungspotentiale hervorgebracht haben, deren Folgen nicht berechenbar und kontrollierbar sind und deren Risiken und Kosten zum großen Teil auf andere Länder und auf kommende Generationen abgewälzt werden.

III Politische Überlebensstrategien und Handlungsalternativen

1. Fähigkeit. Politik als Gestaltung der Zukunft zu verstehen und Bereitschaft, globale (erdpolitische) Maßstäbe für verantwortliches Handeln von Individuen und Staaten anzuerkennen.

2. Fähigkeit und Bereitschaft, kollektive und individuelle Handlungsstrategie zur Überwindung der lebensbedrohenden Zukunftsrisiken zu entwickeln.

3. Prüfen, ob die Verfolgung individueller Interessen und Glücksansprüche nicht mit dem Überlebensinteresse zukünftiger Generationen kollidiert.

4. Fähigkeit und Bereitschaft, einen eigenen Beitrag zur langfristigen Ressourcensicherung zu leisten.

5. Prüfen, inwieweit die individuelle Lebensführung mit Belastungen für die natürliche Umwelt verbunden ist.

6. Bereitschaft, Solidarität zwischen den Völkern dieser Erde und zwischen den Generationen zu üben.

IV Ansätze und Modelle einer umwelt- und sozialverträglichen Zukunftsgestaltung

1. Fähigkeit und Bereitschaft, sowohl individuelles als auch gesellschaftlich-politisches Handeln am Leitbild der „Zukunftsfähigkeit" (sustainability) auszurichten und sich an der Entwicklung von Konzeptionen und Modellen für ein „zukunftsfähiges Deutschland" zu beteiligen.

2. Fähigkeit und Bereitschaft, an der Entwicklung und Umsetzung umwelt- und sozialverträglicher Technologien sowie Produktions-, Arbeits- und Lebensformen im Interesse der Erhaltung der natürlichen Lebensgrundlagen mitzuwirken.

3. Bereitschaft, angesichts schwindender Ressourcen und zunehmender Belastungen der Ökosysteme auf die Erfüllung gegenwärtiger Ansprüche zugunsten anderer Länder und zukünftiger Generationen zu verzichten.

4. Erkennen, daß der Verzicht auf die Verfolgung zukünftiger materieller Ansprüche auch ein Gewinn an gegenwärtiger Lebensqualität sein kann.

5. Bereitschaft, seinen Lebensstil daraufhin zu überprüfen, welche Belastungen dadurch für die Allgemeinheit, für andere Völker und für zukünftige Generationen entstehen.

6. Bereitschaft, die natürlichen Lebensgrundlagen treuhänderisch zu verwalten und sie möglichst unversehrt an zukünftige Generationen zu übergeben.

7. Prüfen, inwieweit bereits realisierte Ansätze einer Alternativkultur im eigenen Land, aber auch in anderen Ländern und Kulturen , geeignet sind, einen Beitrag zur Lösung der Zukunftsprobleme der Menschheit zu leisten.

Weinbrenner 1997: 134-135

Dennoch können Schlüsselprobleme einen Lehrplan nur begrenzt strukturieren. Die Besinnung auf Schlüsselprobleme ist zwar notwendig, entsprechende Listen wirken aber auch leerformelhaft, additiv-beliebig, schematisch, ahistorisch oder eurozentrisch. Schlüsselprobleme sind Konsensformeln, die bei näherer Betrachtung aber wenig Gestalt ausprägend und orientierend sind. Genau diesen „roten Faden" müssen Lehrpläne aber dem Lehrenden geben können. Die politikdidaktische Antwort fällt daher zu recht vorsichtiger aus als die der Allgemeinen Didaktik: Was in Wissenschaft und Gesellschaft kontrovers ist, muss auch im Unterricht als Kontroverse erscheinen (Kontroversgebot). Da Schlüsselprobleme selbst Element des öffentlichen Diskurses sind, können sie als je aktuelle nur in einer immer revidierbaren offenen Liste festgehalten werden; als Element des öffentlichen Diskurses – vor allem als Frage nach Prioritäten (Was ist wichtiger: Arbeitslosigkeit oder Umweltschutz?) – sind Schlüsselkontroversen selbst Teil des konstitutiven politischen Streitens und dieses müsste im Unterricht ebenfalls geführt werden: Ist die Bekämpfung der nationalen Arbeitslosigkeit prioritär gegenüber Fragen des globalen Klimaschutzes?

3. Methoden und Verfahren: form follows function

Der Wechsel der Themen (topics) im öffentlichen Diskurs – jeden Tag stehen andere Probleme und Aufgaben an - setzt im gesellschaftlichen Zusammenleben eine Verlässlichkeit der „Formen" (Rahmen, Ordnung) voraus, in denen diese verhandelt werden. Gesellschaftlich-politische Willensbildung vollzieht sich in nicht zufällig institutionell so geregelten Verfahren. In Demokratien *ist* die Methode - lies: das kommunikative Verfahren - der Inhalt - und umgekehrt! Die Unterscheidung von Aktuellem und nicht zufällig so gewordenen Formen und Verfahren ist grundlegend für politische Bildung: an dem einen soll das andere gelernt werden. Die Verfahren gewähren Rechtssicherheit und Gleichheit. Dies ist eine gegenüber der Willkür absolutistischer, autoritärer und faschistischer „Maßnahmestaaten" (Ernst Fraenkel) immer wieder schmerzhaft erkämpfte menschheitsgeschichtliche Errungenschaft. Die kollektiven Verfahren der Willensbildung sind also nicht wertrelativ, sondern in sich selbst werthaltig. Die Grundwerte, die die Leitphilosophie der Demokratie ausmachen, stehen zwar ebenfalls nicht über dem politischen Streit, sondern können selbst Gegenstand der ordnungspolitischen Auseinandersetzung werden. In ihrem Wesenskern (!) können sie jedoch nicht angetastet werden: freie und gleiche Wahlen, Abwählbarkeit der Regierung, Gewaltenteilung, grundsätzliche Möglichkeit für Alternativen (Mehrparteienprinzip); Rechtsgrundsätze wie „Im Zweifelsfalle für den Angeklagten" oder „Ohne Gesetz keine Strafe"; in der Ökonomie das ökonomische Prinzip usf.

„Die Sache selbst hat Methode". Wenn wir diesen Ratschlag von Adolf Diesterweg (Wegweiser für Lehrer, 1848) fachdidaktisch ausbuchstabieren, stossen wir hinter den tagesaktuellen Konfliktthemen auf die grundlegenden gegenstandskonstitutiven Verfahren der kollektiven Willensbildung auf allen Ebenen und in allen Bereichen der Gesellschaft.[4] Im Ensemble ergeben sie das

---

[4] Es ist deshalb eine zentrale These der Expertise (Behrmann/Grammes/Reinhardt 2004), dass alle gesellschaftlichen Bereiche/Systeme – Wirtschaft, Recht, Politik, Europa, Internationales, Öffentlichkeit - nebengeordnet in einen Lehrplan gehören. Dies steht quer zu der These „Politik als Kern" des Politikunterrichts (Massing 1995 u.v.a.). Als Fachbezeichnung wird daher – für die gymnasiale

sachlogische Kerncurriculum gesellschaftlich-politischer Bildung (zu dieser fachdidaktischen Denkbewegung vgl. z.B. auch Bernet 1988). Mit diesen Verfahren haben wir jene generativen Strukturen gefunden, die die Grammatik des Sozialen und Politischen konstituieren.

Allgemeinbildende Schulen müssen sicherstellen, dass eine Lese- und Verstehenskompetenz (political/economic literacy) für die folgenden gegenstandskonstitutiven Basis-Methoden einer *Demokratie-Pädagogik* entwickelt wird:

Abbildung 6:   Checkliste political/economic literacy

- auf der Ebene sozialen Umgangs situationskluge Verfahren der Streitschlichtung, Mediation etc. in Familie, Schule, Betrieb, Gruppe (z.B. die Gordon-Methode als intelligente Umwandlung von looser-looser-Situationen in win-win-Strategien)   - auf der Gegenstandsebene die Formen und Verfahren der kollektiven Willensbildung und Entscheidungsfindung, unter Berücksichtigung ihrer ordnungspolitischen Varianten und historischen Ausprägungen (Alternativen):   - das Verfahren parlamentarischer Willensbildung,   - das Verfahren rechtlicher Urteilsfindung,   - das Verfahren der (sozialen) Marktwirtschaft,   - der Diskussionsprozess der demokratischen Öffentlichkeit,   - Verfahren internationaler Konfliktschlichtung und Friedensstiftung.   - auf der sozialwissenschaftlichen Ebene die „Forschungs-Zyklen" als Verfahren der Gewinnung intersubjektiv gültiger Erkenntnis, z.B. hermeneutische Verfahren der Textauslegung und der (Ideologie-) Kritik; empirische Methoden wie Beobachtung, Befragung, Modellbildung und Simulation.

Diese Basis-Methoden begründen ein sachlogisches Kerncurriculum (Minimum) und ergeben einen nicht-dogmatischen „demokratischen" Kanon in Gestalt eines flexiblen Regelwerks. Ihre Kenntnis sichert Schulform übergreifend einen gemeinsamen Bestand an Erfahrungen und Kenntnissen bei den Schülerinnen und Schülern.

Damit ist eine Korrespondenz von Form und Inhalt erreicht, die die *ästhetische Dimension* politischer Bildung ausmacht: „Die Inhalte des Lernens sind Form gebunden, sie existieren nicht unabhängig vom Prozess der Formgebung." (Rekus 2003, 68) Damit ist der Schlüssel zur „ästhetischen Darstellung der Welt als dem Hauptgeschäft der Erziehung (J. F. Herbart 1802/1804) als grundlegende dramaturgische politikdidaktische Denk- und Vermittlungsfigur gefunden.

Oberstufe – „Sozialwissenschaften" vorgeschlagen; für die Mittelstufe eher GWP (Gesellschaft/Wirtschaft/Politik).

Diese Aufmerksamkeit für die Verfahren als den eigentlichen Kerninhalten beinhaltet ein bestimmtes Konzept von Wissen. Zu fragen ist: Wird Wissen positivistisch oder genetisch aufgebaut? (vgl. im Einzelnen Behrmann/Grammes/Reinhardt 2004) Mit Bezug auf alle Fächer als Beitrag zur policy-Dimension politischer Bildung: Dominiert eine Ideologie des Sachzwangs oder werden Sachfragen als durch politische Entscheidungen gestaltbar und „offen" dargestellt? Wie wird mit alternativen Lösungen/Expertenvoten und Minderheitspositionen umgegangen? Gesellschaftliche Entscheidungssituationen unterscheiden sich grundsätzlich von der eines Fallschirmspringers, für den es letztlich nur ein Ziel und einen richtigen Lösungsweg gibt. Die sachlich vernünftigste Lösung wird nicht in jedem Fall auch eine politisch durchsetzbare Lösung sein. Gruppen innerhalb des gleichen sozialen Verbandes verfolgen Ziele und Zwecke, die sich wechselseitig ausschließen. Aber selbst bei geteilten Zielen bleibt die Frage der Prioritätensetzung. Zudem können Ziele auf verschiedensten Wegen und unter Einsatz unterschiedlicher Mittel verwirklicht werden. Was dergestalt in Gesellschaft, Politik und Wissenschaft kontrovers ist, muss auch im Unterricht als Kontroverse dargestellt werden.

Dieser „formale" Zugang über Verfahren der Willensbildung erscheint dürftig und bleibt unbefriedigend, solange wir nur Institutionen kundlich die Technik des Entscheidens ins Zentrum stellt. Der bloße „Schlagabtausch von Meinungen" wird erst bildungsproduktiv, wenn nach der *guten* Entscheidung gefragt wird und den institutionellen Ermöglichungsbedingungen für die erhöhte Wahrscheinlichkeit solcher Entscheidungen. Erst die Erweiterung der formalen Entscheidungs-Kompetenz zur inhaltlichen Gestaltungs-Kompetenz ergibt ein elementares „Menschheitsthema": die Sinnfrage nach dem guten Leben in der Zukunft (George 1980, vgl. Petrik 2004). Wir müssen in einem abschließenden Denkschritt das Entscheiden also qualifizieren, es normativ und wertmäßig „aufladen".

Gemeinsamer Gegenstand der Sozialwissenschaften im allgemeinsten Sinne ist das soziale Handeln. Der Mensch besitzt in allen Verfahren prinzipiell die Freiheit zu *wählen*. Ihm tritt aber Gesellschaft als „System" und Resultat von *Handlungsverkettungen* gegenüber. Gerade die moderne Regelung sozialer Beziehungen durch Vernunftüberlegungen zwingt in das bürokratisch verwaltete „Gehäuse der Hörigkeit" (Max Weber).

Es gibt nun eine common-sense Lerntheorie, der Mensch lerne am besten durch praktisches Tun - "learning by doing" (trial and error). Damit wird aber die Komplexität von Handlungsbedingungen in gesellschaftlichen Systemen unterlaufen. Denn Menschen können ziemlich lange „Fehler" begehen, bis diese „zurückschlagen". Da in Marktwirtschaften vor allem kurzfristig verlockende Strategien ökonomisch belohnt werden, stellen sich langfristig in den vernetzten

Systemen „Zeitfallen" ein. Es gibt einen Bruch zwischen guten Absichten (Wollen) und systemischen Folgen. In einer Computersimulation zu Strategien intelligenter Entwicklungspolitik in einem Land der Sahelzone („Tanaland") neigen selbst intelligente Experten dazu, Tiefbrunnen zur Bewässerung von Trockenzonen so lange anzulegen, bis der Grundwasserspiegel irreversibel abgesunken ist. Solche „Logiken des Misslingens" (Dörner 1989) enthalten kognitive Dissonanzen, contraintuitive Einsichten[5]. Der Ausruf "Mensch, das hätte ich nicht gedacht!" ist Kriterium jedes politischen Lehrstücks!

Die erste Erfahrung von Handlungsparadoxien beschäftigt, ja bedrückt junge Menschen in der Adoleszenzkrise. Extreme, meist vorläufige Lösungen sind

- das relativistische „Es ist ja doch alles sinnlos!" oder
- die Heilssuche nach dem einen Weltverbesserungsmechanismus.

Ein Unterricht, der das Aktualitätsprinzip des kategorialen Konfliktparadigmas nicht mit dieser elementaren anthropologischen Dimension zu verbinden vermag, wird die Fragehaltung und Sinnsuche der Schülerinnen und Schüler nicht befriedigen können (Ott 1969, Sutor 1996). Ein Lehrstück muss eine nachhaltige Entwicklungsaufgabe im Bildungsgang der jungen Menschen darstellen – eine „Hürde", die individuelle wie gemeinsame Anstrengung herausfordert.

Demokratische Ordnungsformen in ihren vielen historischen Ausprägungen sind eine menschheitsgeschichtliche Entwicklung, weil sie eine fehlerfreundliche Antwort auf dieses Existential versuchen (Guggenberger 1987). Kollektives Lernen erfolgt nicht nur durch Handeln, sondern frühestens durch das Nachdenken darüber, was man tut - also durch Reflexion. Die berühmte Dewey-Formel (1915/1993) lautet Sinn gemäß: „*We learn not by doing but by thinking about what we are doing!*" Durch Machtverteilung, Pluralismus und die Beteiligung vieler an Entscheidungsprozessen werden diese so verlangsamt, balanciert, veröffentlicht und „diskursiviert", dass die Chance gegenüber autoritären Ordnungsformen steigt, „Fehler" rechtzeitig und nachsteuern zu können (Lindblom 1965). Politik ist gedacht als beständiger Prozess der Problemlösung – und wird dabei immer wieder neue Probleme aufwerfen. Aber der Super-Gau wird unwahrscheinlicher – ausgeschlossen ist er niemals, nicht erst seit der Erfindung der Atombombe (vgl. Petrik 2004). Der Prozess demokratischer Willensbildung ist immer eine Lehrstunde politischer Bildung.

Jedes Kerncurriculum im Lernfeld Gesellschaft müsste diese existentielle Tiefendimension menschlicher Handlungsbedingungen, die conditio humana,

---

[5] Beispiele für contraintuitive Einsichten: Diäten machen dick; Ausländer sind weniger kriminell als Deutsche usw. Stammtischparolen werden korrigiert. Sozialpsychologische Gruppenexperimente wäre auf Lehrstücke hin zu sichten.

erreichen: Politische Anthropologie und politische Philosophie - die Bedingung menschlicher Existenz als Entwicklungsaufgabe. Lehrstücke zur „Logik des Misslingens" werden benannt in Grammes 2004b.

4. Bilanz und Perspektive für Schulentwicklung

Die Pointe kategorialer Konfliktdidaktik lautet: Trotz maximaler Flexibilität kann es einen normativen Kanon geben, eine verbindliche Vereinbarung darüber, was allen wichtig ist. Dieses Kerncurriculum ist aber nicht auf der Ebene der Materialobjekte zu suchen, sondern auf der Ebene der *Formalobjekte*. Es umfasst aber nicht nur Syntax und Grammatik, sondern auch eine Semantik und Pragmatik (Denkschritt 3). Es ist unverzichtbar, um die gemeinsame Verständigungsfähigkeit in der demokratischen Gesellschaft zu sichern.

Eine Schul- und Unterrichtsentwicklungsgruppe müsste nun prüfen, inwieweit das Kerncurriculum im schulischen Lebenslauf eines Schülers/einer Schülerin verankert ist und die zentralen Lehrstücke einer Demokratie-Pädagogik (Abb. 10) Fächer verbindend verteilen, miteinander koordinieren und dann zu schulischen good practice Beispielen ausbauen (dazu der Vorschlag der Lehrkunstdidaktik, vgl. Grammes 2004a und 2004b). Ein Mind-Map einer entsprechenden SCHILF-Gruppe könnte dann wie in nachstehender Abbildung (Anhang Abb. 7: Lehrstückspielplan) dargestellt aussehen.

Im Sinne einer pragmatischen Strategie der Curriculumentwicklung lassen sich vor dem Hintergrund der paradigmatischen Fachtradition alle drei Begründungsstränge im Sinne eines flexiblen Regelwerks als curriculare Strategie für die Themenfindung heranzuziehen. Sie ergeben eine Art *Checkliste* für ein sozialwissenschaftliches Curriculum (Minimum), sie ersetzen nicht den konkreten Prozess der Curriculumkonstruktion.

Literatur

Behrmann, Günter C./Grammes, Tilman/Reinhardt, Sibylle 2004: Politik: Kerncurriculum Sozialwissenschaften in der gymnasialen Oberstufe (unter Mitarbeit von Peter Hampe). In: Tenorth, Heinz- Elmar (Hg.): Kerncurriculum Oberstufe II. Biologie, Chemie, Phaysik, Geschichte, Politik. Expertisen - im Auftrag der KMK, Weinheim/Basel, S. 322 - 406

Behrmann, Günter C./Karl-Ernst Jeismann/Hans Süssmuth 1978: Geschichte und Politik. Didaktische Grundlegung eines kooperativen Unterrichts, Paderborn

Bernet, Wilhelm 1988: Regulative des parlamentarischen Dialogs als Aufgabe der politischen Bildung, München

Bockelmann, Hans 1964: Die ökonomisch-sozialethische Bildung. Problem und Entwurf einer didaktischen Theorie für die gymnasiale Oberstufe, Heidelberg

CCE (Center for Civic Education) 1985: We the people, Calabasas/CA (dt.: Koopmann, Klaus 2001: Projekt: Aktive Bürger. Sich demokratisch durchsetzen lernen. Eine Arbeitsmappe, Mühlheim)

Dauenhauer, Erich 1999/2001: Kategoriale Wirtschaftsdidaktik, 2 Bde., Münchweiler

DIFF (Deutsches Institut für Fernstudien) 1985: Studienbriefe Grammatik Politik, Soziologie, Recht, Volkswirtschaft, Tübingen

Dörner, Dietrich 1989: Die Logik des Mißlingens, München

Dubs, Rolf 1989: Der Stellenwert des Wissens im Unterricht der Wirtschaftsfächer, in: ZBW 9, S. 634-643

Engelhardt, Rudolf 1964: Politisch bilden – aber wie? Mit Unterrichtsbeispielen, Essen

Fischer, Kurt Gerhard 1993: Das Exemplarische im Politikunterricht, Schwalbach

Fischer, Kurt/Hermann, K./Mahrenholz, M. 1960: Der politische Unterricht, Bad Homburg

George, Siegfried 1980: Suche nach Sinn als Problem politischer Bildung. In: Fischer, Kurt Gerhard (Hg.): Zum aktuellen Stand der Theorie und Didaktik der politischen Bildung, Stuttgart, 164-175

Giesecke, Hermann 1964: Die Tagung als Stätte der politischen Bildungsarbeit, Diss. U Kiel (jetzt leicht zugänglich auf der Homepage des Autors)

Grammes, Tilman 2004: Lehrkunst and Lesson Study – Two Concepts and a Joint Venture in the Field of subject Didactics? (Lehrkunst und Lesson Study – ein didaktisches joint venture?) in: Journal of Social Studies Education (JSSE) 1, (www.sowi-onlinejournal)

Grammes, Tilman 2004: Core Curriculum: Methods of search and criteria for a lesson model in social and civic education (Kerncurriculum: Suchstrategien und Kriterien für einen Lehrstück-Kanon im Lernfeld Gesellschaft/Politik), in: Journal of Social Studies Education (JSSE) 1, (www.sowi-onlinejournal)

Grzesik, Jürgen 1992: Begriffe lehren und lernen, Stuttgart

Guggenberger, Bernd 1987: Das Menschenrecht auf Irrtum, in: Universitas, S. 307-317

Hartmann, Klaus-Dieter 1979: Wünsche und Vorstellungen von Primanern über die thematische und methodische Gestaltung des Politikunterrichts, in: Gegenwartskunde 171-182

Hedtke, Reinhold 2002: Wirtschaft und Politik. Über die fragwürdige Trennung von ökonomischer und politischer Bildung, Schwalbach

Henkenborg, Peter 1997: Gesellschaftstheorien und Kategorien der Politikdidaktik. In: Politische Bildung 2/1997, S. 95-121

Hess, Diana E. 2002: Discussing Controversial Public Issues in Secondary Social Studies Classrooms: Learning from Skilled Teachers. In: Theory and Research in Social Education 2002, 1, 10-41

Hilligen, Wolfgang 1991: Didaktische Zugänge in der politischen Bildung, Schwalbach

Kaminski, Hans 2001: Kerncurriculum Ökonomische Bildung. In: ders. u.a: Soziale Marktwirtschaft stärken, Bonn

Klafki, Wolfgang 1959: Das pädagogische Problem des Elementaren und die Theorie der kategorialen Bildung, Weinheim

Klafki, Wolfgang 2003: Allgemeinbildung heute – Sinndimensionen einer gegenwarts- und zukunftsorientierten Bildungskonzeption. In: Schulmanagement Handbuch 106, München, S. 11-28

Kruber, Klaus-Peter 2000: Kategoriale Wirtschaftsdidaktik. Der Zugang zur ökonomischen Bildung, in: Gegenwartskunde S. 285-295

Lindblom, Ch. E. 1965: The Intelligence of Democracy, New York/London

Massing, Peter 1995: Wege zum Politischen. In: ders./Georg Weißeno (Hrsg.): Politik als Kern der politischen Bildung, Opladen, S. 61-98

May, Hermann 2003: Didaktik der ökonomischen Bildung, München/Wien

Meyerson, Peter/Secules, Teresa 2001: Inquiry Cycles Can Make Social Studies Meaningful. Learning about the controversy in Kosovo. In: The Social Studies 2001, S. 267f.

Moegling, Klaus 2003: Die Politikwerkstatt. Ein Ort politischen Lernens in der Schule, Schwalbach

Morrissett, I. 1999 (Hrsg.): Key Concepts: Social Studies. In: Lewy, A. (Hg.): The International Encyclopedia of Curriculum, Oxford, S. 183-184

Oliver, Donald W./Shaver, James P. 1966: Teaching Public Issues in the High School, Boston

Ott, Gabriel 1969: Zeitlichkeit und Sozialität. Didaktik der Geschichte und der Politik in ihren anthropologischen Bezügen, München

Petrik, Andreas 2003: Sich selbst als politisches Wesen entdecken. Das genetische Prinzip als Beitrag zur handlungsorientierten politischen Urteilsbildung am Beispiel des Lehrstücks "Dorfgründung". In: Politik unterrichten 2003/2

Petrik, Andreas 2004: Zukunftswerkstatt, Fischerspiel oder Hiroshima? Genetische Zugänge zum Thema Zukunft in sozialkundlichen Unterrichtsmodellen. In: Journal of Social Studies Education (JSSE), 1 (www.sowi-onlinejournal)

Rekus, Jürgen 2003: Die Aufgabe der Didaktik heute. In: VJSfwP 2003, 1: 62-73

Sander, Wolfgang 2001: Politik entdecken – Freiheit leben. Neue Lernkulturen in der politischen Bildung, Schwalbach

Senesh, Lawrence 1966: Organizing a Curriculum around Social Science Concepts. In: Morissett, Irving (Hg.): Concepts and Structure in the New Social Science Curricula, New York 1966, 21-38 (Auszug dt. in Holtmann, Antonius (Hrsg.): Das sozialwissenschaftliche Curriculum in der Schule, Opladen 1972, S. 174-192)

Sutor, Bernhard 1992: Politische Bildung als Praxis, Schwalbach

Ulrich, Peter 1987: Transformation der ökonomischen Vernunft. Fortschrittsperspektiven der modernen Industriegesellschaft, Bern/Stuttgart

Weinbrenner, Peter 1997: Zukunftsorientierung. In: Sander, Wolfgang (Hg.): Handbuch politische Bildung, Schwalbach: S. 128-140

Anhang:

Abbildung 7: Demokratie-Kerne im Curriculum der Sekundarstufe I (Lehrstück-Spielplan)

Klasse Fach	5. Kl.	6. Kl.	7. Kl.	8. Kl.	9. Kl.	10. Kl.
Geschichte		Phönizier, Wikinger		1789	1933, 1945	1989, 11.9.2001
Sozial-kunde			Markt-modell	Gericht		Parlament Projekt
Ethik / Religion		Dilemmata				Pol. Rhetorik
Deutsch			Zeitung		Die Welle	
...						
...						Zukunftswerkstatt

Bildungsstandards der politischen Bildung –
Funktion und Handhabung aus der Perspektive der Bildungsadministration

Gerd Zboril

1. Vorbemerkung

Mit der Themenstellung wird unterstellt, dass bereits anerkannte, konsensfähige Bildungsstandards der politischen Bildung vorliegen. Dies ist derzeit nicht der Fall. Gleichwohl beschäftigt sich die politische Bildung mit unterschiedlichen Ansätzen mit der Frage von Bildungsstandards. Mit dem Entwurf der Gesellschaft für Politikdidaktik und politische Jugend- und Erwachsenenbildung (GPJE) liegt derzeit ein erster systematischer Vorschlag vor. Die Diskussion darüber hat erst begonnen und zeigt, dass innerhalb der politischen Bildung sowohl grundsätzlich wie auch im Detail noch kein Konsens gefunden wurde. Auch die KMK hat sich in der Frage, ob und in welcher Form Bildungsstandards für die politische Bildung formuliert werden sollten, noch nicht festgelegt.

Die Frage nach der Funktion und der Handhabung von Bildungsstandards in der politischen Bildung aus der Perspektive der „Bildungsadministration" ist somit zu früh gestellt und kann allenfalls allgemein beantwortet werden. Zudem ist der Begriff „Bildungsadministration" sehr unbestimmt und verkürzt eher auf den instrumentellen Aspekt von Bildungsstandards. Auch die „Bildungsadministration" ist von der Diskussion in der Folge von PISA vor neue Aufgaben gestellt. Im Mittelpunkt steht hierbei die Frage nach Qualitätssicherung und – entwicklung von Unterricht. In diesem Zusammenhang ist die Frage der Bildungsstandards in der politischen Bildung zu stellen.

Erwarten Sie also nicht zu allen Fragen abschließende Antworten. Allenfalls können die Ansätze und Entwicklungslinien, die sich z.T. aus der allgemeinen Diskussion um die Qualitätsentwicklung und die Standardorientierung ergeben, aufgezeigt werden. Die Ausführungen beschäftigen sich mit den folgenden Schwerpunkten:

- Von der Input – Orientierung zur Output - Orientierung
- Qualitätssicherung und -entwicklung in Hessen
- Bildungsstandards in der politischen Bildung

2. Von der Input-Orientierung zur Output-Orientierung

Die Diskussion um Standards muss im Zusammenhang mit einer grundsätzlichen Umorientierung der Bildungs- und Erziehungsarbeit der Schulen gesehen werden: Von der Input-Orientierung zur Output-Orientierung. Mit der Diskussion über die Ergebnisse von PISA zeichnet sich eine Präferenz der Output-Orientierung ab. Der Ansatz der Input-Orientierung geht davon aus, dass die Qualität der Schulen durch detaillierte Vorgaben für die konkrete Arbeit entwickelt werden kann. Dem gegenüber will der Ansatz der Output-Orientierung dies durch die Vorgabe von Standards als Ergebnis des Bildungs- und Erziehungsprozesses erreichen. Damit sind einerseits die Notwendigkeit von Zielvorgabe, externer und interner Evaluation und Entwicklungsmaßnahmen und andererseits die Autonomie von Schule angesprochen. Die Output-Orientierung verlangt somit Angaben über die zu erreichenden Unterrichtsergebnisse und Kompetenzen, über den Gütemaßstab und die Evaluation.

Damit ist ein Paradigmenwechsel im Blick, der das Selbstverständnis der Lehrkräfte, der Organisation Schule und der Schulaufsicht betrifft, der die Chance bietet die Qualität von Schule und Unterricht tatsächlich zu erreichen und zu verbessern sowie verlässliche Daten über die Wirksamkeit und den Erfolg von Unterricht zu erhalten. Die Chance wird jedoch vertan, wenn vorschnelle Rezepte angeboten und die Schulen und Lehrkräfte, auch die Schulaufsicht, überfordert werden.

Wir stehen erst am Anfang dieser Entwicklung. Es zeigt sich, dass mit dem Paradigmenwechsel Fragen, die über die Definition von Standards hinaus weisen, angesprochen sind:

- Welche Ergebnisse sollen erreicht werden?
Standards beschreiben Kompetenzen, die nach einem erfolgreichen Bildungs- und Erziehungsprozess erreicht werden sollen. Sie nehmen das Selbstverständnis des Faches auf, zielen auf Evaluation, beziehen sich auf die Progression des Bildungsprozesses und sind verbindlich.
- Wie wird festgestellt, ob die Standards erreicht wurden?
Es gilt Instrumente und Verfahren für interne und externe Evaluation zu entwickeln. Dies erfordert auch die Angabe eines Gütemaßstabes. Zu klären ist, ob man diesen Maßstab in Form von Mindeststandards oder Regelstandards festlegt. Die KMK-Standards sind Regelstandards.
- Wie wird sichergestellt, dass der Unterricht sich auf Standards bezieht?
Aufgabenformate konkretisieren die Standards, sie sind Instrumente der externen Evaluation und müssen valide sein. Gleichzeitig entwickeln sie eine eigene Dynamik. Aufgabenformate beeinflussen die Planung und

Durchführung von Unterricht und können entsprechend Instrument der Qualitätsentwicklung von Unterricht sein.

- Wie wird erreicht, dass die Ergebnisse der externen Evaluation von den Schulen produktiv aufgenommen und i.s. einer eigenverantwortlichen Qualitätsentwicklung fruchtbar gemacht werden?
  Die Instrumente und Verfahren externer Evaluation müssen valide und transparent sein sowie Hinweise auf Entwicklungsstrategien geben. Schulen müssen in ihrer Entwicklungsarbeit von der Schulaufsicht unterstützt werden. Damit ist das Verhältnis zwischen externer Evaluation und interner Evaluation und Entwicklungsstrategien angesprochen. Schulen müssen verlässlich wissen, was mit den Ergebnissen geschieht, da die jeweilige schulische Arbeit damit von der Öffentlichkeit überprüft und die Qualität der Schulen verglichen werden kann. Dies entwickelt eine eigene Dynamik und verlangt eine Kultur des Lernens und der Offenheit von den Schulen.

- Welche strukturellen und institutionellen Bedingungen müssen vorhanden sein, um externe Evaluation und Qualitätsentwicklung landesweit durch zu führen?
  Die systematische landesweite externe Evaluation und Qualitätssicherung erfordert die institutionelle Absicherung, die die Aufgaben klar definiert, abgrenzt, koordiniert und die Verantwortlichkeit regelt. Dies verändert die bisherigen Aufgaben der Schulaufsicht und verlangt landesweit eine Bündlung und neue Strukturierung.

Damit wird eine neue Sichtweise und ein neues Selbstverständnis an den Schulen und bei den einzelnen Lehrkräften sowie eine neue Struktur und Rolle der Bildungsadministration, der Schulaufsicht, der Beratungs- und Unterstützungssysteme und der Aufbau eines Entwicklungs- und Qualitätsmanagements auf unterschiedlichen Ebenen verlangt.

3. Qualitätssicherung und Qualitätsentwicklung in Hessen

3.1 Externe Evaluation - ein pragmatischer Ansatz zur Output-Orientierung in Hessen

Unabhängig von der Vorlage der Standards der KMK für die Kernfächer des mittleren Abschlusses geht Hessen zunehmend den pragmatischen Weg der Qualitätsentwicklung durch externe Evaluation. In Hessen wurden mit dem Instrument der schulinternen und landesweiten Vergleicharbeiten sowie mit den landesweiten zentralen Abschlüssen bereits erste Schritte in diese Richtung getan.

Es zeigt sich, dass es sinnvoll ist, die Output-Orientierung schrittweise mit entsprechender Unterstützung vorzubereiten und einzuführen. Diese Form der externen Evaluation entwickelt eine eigene Dynamik, fordert die interne Evaluation und die Weiterentwicklung des Unterrichts in Verantwortung der Schule, mit Unterstützung durch Fachberaterinnen und –beratern und das Staatliche Schulamt.

Am Beispiel des Mathematikwettbewerbs lassen sich das pragmatische Vorgehen und die Entwicklungsschritte verdeutlichen. Im ersten Schritt wurde die bis dato freiwillige Teilnahme am Mathematikwettbewerb verbindlich für alle Schulen. Es handelt sich damit um die Form einer landesweiten externen Evaluation, die die Verständigung auf Standards für die einbezogene Jahrgangsstufe erfordert. Die landesweite Auswertung und die Veröffentlichung der Ergebnisse führten dazu, dass die Qualität der unterrichtlichen Arbeit im Fach Mathematik an der Schule Thema wurde. Mit Unterstützung der Fachberaterinnen und -berater Mathematik am Staatlichen Schulamt wurden an den einzelnen Schulen auf der Grundlage einer Bestandsaufnahme Entwicklungsschritte definiert und initiiert; im Wesentlichen betrifft dies die Veränderung des Unterrichts durch die Einführung entsprechender Aufgabenformate. Darüber hinaus wurden die schulinternen Vergleichsarbeiten des Faches als eine Form der internen Evaluation einbezogen. Dies verlangt eine schulinterne Festlegung von Standards und eine entsprechende Orientierung des Unterrichts daran. In der Auswertung können Rückschlüsse auf den Unterricht und die spezifischen Bedingungen gezogen und Vereinbarungen zur weiteren Arbeit getroffen werden.

Landesweite zentrale Abschlussprüfungen sind ein darüber hinausgehendes Instrument zur Qualitätssicherung und -entwicklung der unterrichtlichen Arbeit. Für den Bereich der Haupt- und Realschule fanden diese erstmals am Ende des Schuljahres 2003/2004 statt. Ausgangspunkt sind die Lehrpläne und die darin formulierten Abschlussprofile. Bereits im Vorfeld wurden den Schulen mögliche Aufgabenformate zur Verfügung gestellt, so dass in Orientierung daran die Schülerinnen und Schüler unterrichtet werden konnten. Die landesweite Auswertung der Ergebnisse sollen für die schulinterne Bestandsaufnahme und die Weiterentwicklung der Unterrichtsqualität genutzt werden. Unterstützung erhalten die Schulen hierbei von den Staatlichen Schulämtern und den Fachberaterinnen und -beratern. Für den gymnasialen Bereich sind landesweite, zentrale Abiturprüfungen erstmals im Schuljahr 2007 vorgesehen.

3.2 Hessische Lehrpläne – ein pragmatischer Ansatz zwischen Kerncurriculum und Standards

Lehrpläne sind Instrumente der Input-Orientierung. Die hessischen Lehrpläne geben mit der Angabe verbindlicher Inhalte in den einzelnen Jahrgangsstufen den Schulen Vorgaben für den Unterricht. Damit wird auch die Diskussion der KMK über Kerncurricula, die im Zusammenhang mit der Standarddiskussion geführt wurde, einbezogen. Das Verhältnis von Kerncurriculum und Standards ist in der KMK noch nicht geklärt. Die Angabe eines Kerncurriculum gibt den Schulen jedoch Hilfen für die kontinuierliche Arbeit und definiert die inhaltliche Seite von Standards. Mit Angabe der Methoden und der Übergangs- und Abschlussprofile gehen die Lehrpläne jedoch darüber hinaus in Richtung der Angabe von Standards für die einzelnen Fächer. Die Lehrpläne bilden den Rahmen für die externe Evaluation durch landesweite Abschussprüfungen. Auf absehbare Zeit - das zeigt auch die Erfahrung mit dem Mathematikwettbewerb - wird es diese Input-Orientierung als sinnvolle Ergänzung geben müssen.

3.3 Strukturelle und institutionelle Grundlage der Qualitätssicherung und Qualitätsentwicklung in Hessen

Der Entwurf zur Novellierung des Hessischen Schulgesetzes beinhaltet Festlegungen, die die institutionellen Möglichkeiten und den Rahmen für die Qualitätssicherung und –entwicklung herstellen. Hiernach soll der Unterricht aus den Bildungszielen abgeleitete Kompetenzen, die durch Standards näher bestimmt und nach Kompetenzstufen differenziert werden sollen, vermitteln. Diese Standards bilden die Grundlage für Maßnahmen interner und externer Evaluation. Die Schulaufsicht hat die Aufgabe die Qualität der schulischen Arbeit, insbesondere die Erfüllung der Standards zu gewährleisten. Die Schulen sind verpflichtet, die von der Schulaufsicht veranlassten Verfahren zur externen Evaluation zum Zwecke der Qualitätsentwicklung durch zu führen. Im Rahmen des Schulprogramms sollen sie darüber hinaus einen am Bedarf orientierten Fort- und Weiterbildungsplan für die Lehrkräfte festlegen. Die regionale Fort- und Weiterbildung wird Aufgabe der Schulämter, die die Schulen in ihrer Entwicklungsarbeit entsprechend unterstützen. Darüber hinaus wird zum 1.1.2005 ein „Institut für Qualitätsentwicklung" eingerichtet, das als Vermittlungsinstanz die Schulen durch die Planung, Durchführung und Auswertung landesweiter Vorhaben zur Schulentwicklung unterstützt und im Bereich der Festlegung und Sicherung von Qualitätsstandards und der Entwicklung von Instrumenten und Verfahren der Qualitätssicherung landesweit Leistungen erbringen soll.

4. Bildungsstandards in der politischen Bildung

Die Notwendigkeit von Bildungsstandards für die politische Bildung wird in den Bundesländern unterschiedlich gesehen. Vor allem geht es um die Frage, ob Standards nur für die Kernfächer oder für alle Fächer formuliert werden sollen. Damit sind die Wertigkeit und das Selbstverständnis der Fächer im Fächerkanon verbunden. In Hessen wird die Standardorientierung für die politische Bildung durchaus als Möglichkeit gesehen. Jedoch wird es keinen Alleingang geben. Auch andere Wege einer spezifischen Standardkonstruktion sind denkbar.

„Politische Bildung sollte sich nicht damit begnügen, diesen Sturm der Diskussion um die Standards einfach über sich ergehen zu lassen, ohne sich einer tieferen und intensivieren Auseinandersetzung mit diesem Thema zu stellen" (Himmelmann). In der Tat ist die politische Bildung gut beraten sich der Diskussion zu stellen. Die Frage der Standards stellt erneut die Frage des Selbstverständnisses des Faches. Dies zeigt bereits die derzeit geführte Diskussion. Darin liegt die Chance einer Selbstvergewisserung des Faches auf der Basis eines breiten Konsenses. Es geht darum, das Spezifische des Faches im Vergleich zu anderen Fächern heraus zu arbeiten. Dies kann zu einer Stärkung des Faches im Fächerkanon führen. Die Bindung von Bildungsstandards an den konkreten Unterricht kann gleichzeitig verhindern, dass es zu einer sich verselbständigenden Diskussion unter „Theoretikern" kommt.

4.1 Anmerkungen zum Entwurf „Nationale Bildungsstandards für den Fachunterricht in der Politischen Bildung an Schulen" der Gesellschaft für Politikdidaktik und politische Jugend- und Erwachsenenbildung (GPJE)

Der Entwurf bietet in seiner Gesamtheit eine brauchbare Grundlage für die weitere, aber auch notwendige Diskussion. Er orientiert sich an den Vorgaben der am 18.02.2003 von Klieme der KMK vorgelegten Expertise „Zur Entwicklung nationaler Bildungsstandards" und folgt in der Gliederung den bereits für andere Fächer vorliegenden Ergebnissen. Damit und mit der Formulierung „Nationale Bildungsstandards" impliziert der Entwurf jedoch eine zu große Nähe zu den KMK-Standards. Der Status des Entwurfs wird von der KMK so nicht gesehen.

Insgesamt ist der Entwurf jedoch als Diskussionsbeitrag für die politische Bildung zur Klärung der Frage von Standards in der politischen Bildung zu begrüßen. Es werden das Selbstverständnis und die Kompetenzbereiche des Faches definiert, die Standards für Kompetenzbereiche bezogen auf einzelne Abschlüsse formuliert und Aufgabenbeispiele und -formate angeführt. Gleichwohl sollte die Diskussion einige zentrale Gesichtspunkte bezogen auf den Sach- /Inhaltsaspekt, das Sach- und Werturteil, die Strukturierung der Standards, die Progression und die Aufgabenformate aufnehmen.

Die Kompetenzentwicklung bezieht sich auf die Bereiche „Politische Urteilsfähigkeit", „Politische Handlungsfähigkeit" und „Methodische Fähigkeiten". Unbedingt notwendig erscheint eine deutliche Berücksichtigung des Inhaltsaspektes und der Unterscheidung von Sach- und Werturteilen. Im vorliegenden Entwurf werden Inhalte und Wissen nur im Zusammenhang mit der „Politischen Urteilsfähigkeit" als Sachaspekte von Ereignissen, Problemen und Kontroversen einbezogen. Dadurch ergibt sich die Gefahr, dass fachliche Zusammenhänge, Begriffe usw. nur punktuell aufgegriffen werden. Im Begriff des „Konzeptuellen Deutungswissens", der sich auf „grundlegende Konzepte" für das Verstehen von Politik, Wirtschaft, Gesellschaft und Recht bezieht, wird versucht, den Zusammenhang zu wahren. Damit wird zwar die Ebene der grundlegenden Orientierung erreicht, aber nicht das zum Wahrnehmen und Verstehen der Realität auch notwendige, zusammenhängende „Orientierungswissen". Ein eigener Kompetenzbereich „Inhaltliche/sachliche Urteilsfähigkeit", der sich auf fachliche Analyse, Begriffe, Modelle und Funktionszusammenhänge bezieht, könnte diesem Problem Rechnung tragen. Zudem könnte dann deutlicher zwischen Sach- und Werturteil unterschieden werden. Zwar wird in der Vorlage im Zusammenhang mit der Erläuterung der „Politischen Urteilsfähigkeit" auf diese Unterscheidung hingewiesen, dies wird jedoch in der weiteren Konzeption nicht konsequent umgesetzt. Man könnte deutlicher das Problem der Beurteilung von Werturteilen (Beliebigkeit – Parteilichkeit – Wertorientierung der schulischen Bildung) von der Möglichkeit der Beurteilung von Sachurteilen trennen. Dies sollte unbedingt auch bei der Festlegung und Formulierung der Standards Berücksichtigung finden. Die Standards des mittleren Abschlusses sind in Struktur und Aufbau in dieser Hinsicht am weitesten entwickelt. Hier wird differenziert, so dass die sachlichen Aspekte, die fachliche Analyse und die Beurteilung von Sachverhalten, das geforderte Deutungswissen und die Werturteile deutlich getrennt erkennbar sind. Eine Differenzierung in dieser Struktur findet sich bei der Formulierung der Standards der anderen Abschlüsse nicht.

Die Standards haben insgesamt ein hohes Anspruchsniveau. Im Detail sollte hierbei die Frage nach der Progression genauer geklärt werden. Dies betrifft vor allem die „Methodischen Fähigkeiten". Die Aufgabenbeispiele orientieren sich stark an der gängigen Praxis; sie müssten gezielter auf die Standards bezogen werden.

4.2 Bildungsstandards, Evaluation und Qualität der schulischen politischen Bildung

Im Mittelpunkt müssen die Schülerinnen und Schüler und damit der Unterricht stehen. Im Kern geht es um die Qualitätsentwicklung des Unterrichts in der politischer Bildung. Damit wird die Frage nach der Wirksamkeit von politischer Bildung an der Schule gestellt - nicht als akademische Fragestellung, sondern als Nachweis für die Qualität der Unterrichtsarbeit der Lehrkräfte. Mit Bildungsstandards in der politischen Bildung und dem Instrument der externen und internen Evaluation steht die unterrichtliche Arbeit im Fach selbst und deren Weiterentwicklung im Mittelpunkt. Ziel muss es sein, von einer unverbindlichen Orientierung an allgemeinen Zielvorstellungen, die zwar immer wieder die Bedeutsamkeit und Notwendigkeit politischer Bildung postulieren, aber die Wirksamkeit des eigenen Unterrichts aus dem Blick verlieren, zu einer offenen, redlichen Bestandsaufnahme der eigenen unterrichtlichen Tätigkeit zu gelangen. Bildungsstandards und die systematische externe und interne Evaluation können zu einer realistischen Zielsetzung und einer angemessenen Überprüfung der jeweiligen unterrichtlichen Arbeit führen und damit die Qualität der politischen Bildung weiter entwickeln sowie die Bedeutsamkeit des Faches dokumentieren – allgemein, landesweit, für die einzelne Schule und die jeweilige Lehrkraft.

Dies verspricht eine reizvolle und spannende Aufgabe zu werden. Bereits die Diskussion über Bildungsstandards in der politischen Bildung ist ein Schritt in diese Richtung.

Bildungsstandards der politischen Bildung - Was erwarten die Schulen?

Thomas von Machui

1. Vorbemerkung

„Erwarten" stammt von dem mittelhochdeutschen Wort „Warte", d.h. dem „Ort der Ausschau", aber auch dem „Wachturm", eine Doppeldeutigkeit, die ich für meine Anmerkungen nutzen möchte. Zunächst wäre dabei der Ort selber zu beschreiben, von dem aus Ausschau genommen oder Wache gehalten wird: die Schule selbst, in ihrem gegenwärtigen Verhältnis zu Standards. Dann folgt das, worauf die semantische Ambivalenz hinweist: Befürchtungen und Erwartungen und vielleicht sogar Hoffnungen. Natürlich bitte ich bei allem mit zu berücksichtigen, dass derjenige, der hinausblickt, nicht beanspruchen kann, für „die" Schulen zu sprechen. Auch ist das, was auf uns zukommt, was also die Schulen erwartet, noch kaum zu erkennen. Sind die Standards lediglich ein bildungspolitisches Saisonthema, oder setzen sie neue und lohnende Impulse für eine fachdidaktische Besinnung?

2. Standortskizzen

Ich gehe bei der kursorischen Standortbeschreibung hauptsächlich von der Situation an den Gymnasien aus, was den Blick auf *Regelstandards* für alle Schulformen selbstverständlich auf riskante Weise eintrübt. Dennoch einige Stichworte als Momentaufnahme aus schulischer Perspektive und eine erste Feststellung: Das Problem besteht nicht darin, dass Standards nicht existierten, im Gegenteil. Den wichtigsten Beleg liefern diejenigen, die an prominenter Stelle Standards heute festlegen: die *Lehrer*. Jeder Kollege mit seiner je eigenen didaktischen Biografie und Berufserfahrung hält einiges auf *seine* eigenen Standards in Bezug auf Inhalte, Methoden und Kompetenzerwartungen gegenüber Schülern. Es gibt den Individualisten und den Teamarbeiter, den Pädagogen, der schüleraktivierendes Lernen schätzt und den, der jede neue Methodenwelle bereitwillig aufnimmt, den Fachexperten, der eine rezeptive Schülerhaltung und den Frontalunterricht bevorzugt – und den, der es manchmal erreicht, die Sache zu klären und die jungen Menschen zu stärken. Es gibt diejenigen, die nicht aufhören, selbst weiter zu lernen (obwohl die für Fortbildung verantwortlichen „Unterstützungssysteme" ausbluten), die den fachlichen Austausch suchen, sich in Konferenzen oder Arbeitsgruppen um Absprachen bemühen und diese einhalten. Hier finden sich aber auch die am Laufbahnschema Orientierten und die schwarzen Schafe, die Frustrierten und die Ausgebrannten, schließlich die professionell Deformierten. Arnfried Astel schrieb 1968 das Epigramm: „Ich hatte schlechte Lehrer, das war eine gute Schule" (Astel: 1968) Damit sich daran so schnell nichts ändert, erfahren sie eine Leistungsüberprüfung nur sporadisch. Eine Pflicht zur Fortbildung steht immer noch in den Sternen, selbst vernünftige Konzepte hierzu sind bisher kaum erkennbar (vgl. Oelkers 2003).[1]

Sie alle einigen sich an seltenen pädagogischen Tagen und in Fachkonferenzen, diesen „schlafenden Riesen" der Unterrichtsentwicklung – vom Lehrplan ausgehend – auf ein *Schulcurriculum*, bemühen sich dabei zumindest um gemeinsame Standards jenseits eines Minimalkonsenses. Häufig genug allerdings bleiben diese Versuche im kleinsten gemeinsamen Nenner stecken, manchmal scheitern sie auch völlig. Ein neuer *Lehrplan*, z.B. der letzte in Hessen mit seinem Vorrang ökonomischer Bildung, verspricht Orientierungshilfen, oder eine neue Abiturverordnung, die jüngste z.b. mit dem neuen Prüfungsformat der Präsentation. An Haupt- und Realschulen werden Abschlussprüfungen etabliert. Aber nun beginnt die Arbeit von vorn. Die Orientierung wird durch gravierende Mängel erschwert, die zumindest der gymnasiale Politik und Wirtschaft-Plan aufweist, trotz seines Bemühens um eine bessere Konturierung durch Festlegung obligatorischer Themen und ihres zeitlichen Umfangs. Gerd Steffens hatte 2001 neben der „begründungsabstinenten Grundhaltung" des Planentwurfs auf dessen deutlich institutionenkundliche Ausrichtung politisch-gesellschaftlicher Themen hingewiesen, die begrifflich-enzyklopädisch zusammengestellt, kaum jedoch mit den Horizonten der Heranwachsenden vermittelt seien. Das methodische Konzept beschränke sich auf ein Passepartout-artiges Sammelsurium von erstrebten Fertigkeiten der Schüler, von Arbeitsformen und Methoden der Unterrichtsgestaltung (Steffens 2001). Eine Vermittlung von Inhalten und Methoden ist kaum erkennbar. Unter diesen Umständen wächst die Chance von *Schulbuchverlagen* ihre Stellung als Mit-Herrscher über die tatsächlichen schulischen Standards zu festigen.

Ein Seitenblick auf Erfahrungen in der *Lehrerfortbildung:* Als wir uns im HeLP mit der Frage nach einem Grundbildungskonzept für die Oberstufe beschäftigten, ging es dabei auch um die Forderung nach einem Kerncurriculum auf der Basis zentraler Inhalte des Politikunterrichts. Unser inhaltliches Konzept

---

[1] Die z.Zt. vom Hessischen Landtag diskutierte Schulgesetznovelle sieht vor, dass die Schulaufsicht künftig auch „die Qualität der schulischen Arbeit, insbesondere die Erfüllung der Standards, und die Vergleichbarkeit der Abschlüsse auch durch Verfahren der Evaluation und die Anschlussfähigkeit der Bildungsgänge" sichern soll (§ 92 Abs. 2).

– Orientierung an Schlüsselproblemen und darauf bezogene komplexe Lernarrangements, um aus „trägem" anschlussfähiges Wissen zu machen – wurde durch einen nicht besonders originellen, aber immer noch aktuellen prozeduralen Lösungsvorschlag ergänzt, der den archimedischen Punkt bei der Kompetenz der Lehrer sucht: Die Entwicklungsarbeit im Fach durch die Zusammenarbeit der Lehrer soll die Vermittlung von Inhalten und Methoden erreichen. Wegen der Entkoppelung von Fortbildung und Lehrplanentwicklung hatten solche Vorschläge allerdings keine Auswirkungen auf den neuen hessischen Lehrplan. Das Grundbildungskonzept von PISA und die PISA-Tests sind in der Diskussion in Deutschland weitgehend als Maßstäbe der Bildungsqualität akzeptiert worden, mit heute noch nicht absehbaren Konsequenzen.

Zurück zur Schule. Hier sollte jede Schule inzwischen doch neben den schulischen Fachcurricula auch übergreifende pädagogische und interdisziplinäre Konzepte entwickeln, die als *Schulprofil* den kollektiven Standard-Anspruch, das Selbstverständnis definieren. Diesen findet man im Schulprogramm dokumentiert, das Gesamt- und Schulkonferenzen beschließen und das Staatliche Schulamt absegnet. Nebenbei: Die Dezernentin unseres Amtes betreut alleine 20 Gymnasien. Solche derart zertifizierten Schulprofile, aber auch die ungeschriebenen, werden wiederum durch den rollenden *Generationswechsel* im Lehrerzimmer auf die Probe gestellt: Welche Standards bringen die jungen Kollegen von den Hochschulen mit? Können „wir" uns mit „ihnen" auf gemeinsame Standards verständigen?

Beim kursorischen Durchgang durch all jene Faktoren, die die Individualität des Lehrers begrenzen, spielen zumindest in der Oberstufe auch die Vorgaben des Abiturs mit ihren „Fachspezifischen" und *„Einheitlichen Prüfungsanforderungen"* keine unwichtige Rolle. Sie wirken bis in die unteren Klassen hinein, seit man in den letzten Jahren damit begonnen hat, mittels obligatorischer schulinterner *Vergleichsarbeiten* in Mittel- und Oberstufe sowie durch die Abiturkorrektur im Ringtauschverfahren mit benachbarten Schulen den vergleichenden Blick auf Standards anderer zu schärfen. Die so angestrebte Reflexion der Maßstäbe durch kooperative Planung findet jedoch seine Grenzen, wenn überzeugende Bezugsnormen außerhalb der eigenen Klasse bzw. Schule fehlen oder gemeinsam formulierte Leistungserwartungen zu vage gehalten sind. Dann entsteht der Eindruck zeitintensiver Belästigung bzw. der Infragestellung eigener Professionalität und als Konsequenz die „gütliche Einigung" in Schweijk'scher Manier. (Es fällt auf, dass es für unser Fach offenbar keine wissenschaftliche Aufarbeitung der Wirksamkeit dieser traditionellen Verfahren der Kompetenzermittlung gibt, z.B. von Abituraufgaben.)

Dabei liegt ein grundlegender Faktor noch gar nicht im Blickfeld: In der letzten Zeit kämpfen viele Schulen mit Unterrichtsqualität auf dem ganz einfachem Niveau von *Klassengrößen und Unterrichtsversorgung:* Die Klassengrößen steigen und Vertretungsverträge auf Zeit im Rahmen des Unterrichtsgarantie-Programms der Landesregierung, die dauerhafte Einstellungen vermeiden möchte, führen in vielen Klassen zu häufigem Lehrerwechsel, der kontinuierlichen Unterricht für die betroffenen Schüler zur Fiktion macht. Welche „heimlichen Standards" produziert damit die Bildungspolitik?

Schüler schließlich haben ihren eigenen Blick auf unsere Standards. Vor allem erleben sie aus ihrer Perspektive von Lehrer zu Lehrer wechselnde Maßstäbe der Leistungsbeurteilung - der für sie entscheidenden Form des unterrichtlichen Feedback. Dabei interessieren sie eigentlich die Sachen, um die es geht, und sie trauen unserem Fach einiges zu. Wenn Schüler danach gefragt werden, welche Fächer eher allgemein bildende Ziele verfolgen, beurteilen sie den Politikunterricht positiver als den Unterricht in den anderen Fachbereichen. Eine Erhebung, die wir 1999 an hessischen Oberstufen durchgeführt haben, sollte herausfinden helfen, wie die jungen Erwachsenen das didaktische und methodische Profil von Grundkursen in den drei Aufgabenfeldern beurteilen (von Machui: 2000; Blumbach, Marianne u.a. 2000: 47-61). Sozialwissenschaftliche Inhalte (der Geschichtsunterricht ging mit ein) wurden dabei im Vergleich zu den anderen Aufgabenfeldern als eindeutig relevanter betrachtet. Im Zentrum dieser Fächer rangierten allgemein bildende Inhalte vor sehr detaillierten Fachkenntnissen. Einen besonderen Schwerpunkt bilde zudem die Förderung von Kommunikationsfähigkeiten. Allerdings bestehe die Gefahr der Konturlosigkeit: Die Zusammenhänge des Wissens blieben oft undeutlich. Vielleicht spiegeln sich in der „Ex-und-hopp"-Mentalität, die viele Schüler in ihrem schulischen Kompetenzerwerb an den Tag legen (Lernen – Test – Vergessen), Merkmale erlebten Politikunterrichts und womöglich des zugrunde liegenden Lehrplans, die beide einen stringent konturierten Kompetenzaufbau nicht übermäßig schätzen.

Was erbringt dieser Blick auf die aktuelle Situation? Die Frage nach Qualität und Standards der eigenen Arbeit stellt sich den Akteuren in der Schule oft genug, auf verschiedenen Ebenen, aber die Vielzahl der Antworten zeigt ein widersprüchliches Bild. Dass bei den Lehrern jedoch die Frage nicht vorkommt, was sie nun von den Bildungsstandards erwarten, die ab kommendem Schuljahr zunächst für die drei Kernfächer Deutsch, Mathe und Fremdsprache gelten, das sollte doch verwundern. Wenn seit PISA in den Schulen und Lehrerzimmern gelegentlich auch von Standards gesprochen wird, dann eher in eigenartiger Zurückhaltung, unterfüttert von Skepsis und Misstrauen. Läge in der KMK-gesteuerten Intervention von außen nicht gerade die Chance des magischen Zugriffs, um das offensichtliche Maß an Beliebigkeit der eigenen Maßstäbe aufzulösen und auf das Wesentliche zurückzuführen?

3. Befürchtungen

Die Chancen für eine solche Wende stehen in den Schulen nicht gut, eine Einschätzung, die übrigens auch die Klieme-Expertise deutlich ausspricht: „Ein Teil der Lehrerinnen und Lehrer werden sie (die neuen Anforderungen) jedoch möglicherweise als Irritation oder Zumutung empfinden. Akzeptanz in den Kollegien zu gewinnen ist daher eines der wichtigsten Anliegen bei der Implementation von Standards" (Klieme 2003: 51)[2] Lehrer misstrauen tatsächlich und beinahe reflexartig einer technisch klappernden Reformrhetorik und all den Reklametafeln, die Bildungspolitiker Jahr für Jahr und verstärkt seit TIMSS und PISA aufstellen: Autonomie der Schule, Einsatz neuer Medien, Schulprogramm, Fortbildungsinitiative Methodenkompetenz, Qualifizierungsoffensive, Eliteuniversitäten. Reformen bestehen aus schulischer Perspektive oft in einem sprachlichen Austausch, der verspricht, dass etwas getan wird, sich schließlich aber doch nichts ändert. Wie sind die neuen Abstraktionen „Standards" und „Kompetenzen" auf unser Kerngeschäft bezogen? Handelt es sich auch bei dem bevorstehenden Paradigmenwechsel um Orwell'schen Doublespeak? Mit den Bildungsstandards soll Schule sich von ihrem Konzept verabschieden, das als Qualitäts-Kriterien vorrangig solche Merkmale formuliert hatte, die den Prozess und die Umgebung des Lernens beschreiben: die Schule als einen vielfältig anregenden Lernraum, in dem Lehrkräfte einen Unterricht entwerfen, der kompetentes und engagiertes Arbeiten im jeweiligen Fach ermöglicht. Stattdessen sei nun der Fokus auf die Lernergebnisse und erreichte Kompetenzen zu legen.

1. Gegen die von der KMK vorgelegten Standards richtet sich als erste Befürchtung, sie versprächen Qualitätssteigerung, seien aber nicht in ein Gesamtkonzept zur Entwicklung der Schule eingebunden. Insbesondere ließe sich nicht erkennen, wie Standards zu einem Instrument der Förderung anstelle der Selektion werden können, wenn die dabei eingesetzten Tests keine zuverlässigen Rückschlüsse auf Kompetenzen der einzelnen Schüler erlauben (Klieme 2003: 107 f). Qualitätsurteile, die auf externer Evaluation beruhen, führten zu *Rankings und Konkurrenz* zwischen Schulen und sogar zwischen den Lehrern. Vor allem sei ein Schulranking zu befürchten, das Vergleichbarkeit vorspiegelt, aber die Ausgangssituation, Faktoren der schulischen Umwelt wie den sozialen Hintergrund u.a. Bedingungen vernachlässigt.[3]

---

[2] Oder: „Ein behutsames Herangehen an die Implementation von Innovationen ist deshalb notwendig, um nicht in bester Absicht kontraintentionale Wirkungen zu erzeugen." (Klieme 2003: 94)

[3] Im Juni 2002 veranlasste das Hessische Kultusministerium erstmals die Veröffentlichung aller Ergebnisse des landesweit obligatorischen Mathematikwettbewerbs in den 8. Klassen. (Quelle:

2. Standards versprechen die Konzentration auf das „Kerngeschäft", bewirkten aber eine *Verengung des schulischen Kanons,* eine „Drei-Fächer-Schule". Sie führten also zur Abwertung von Fächern wie Politik und Geschichte. Was in der Schule nicht beurteilt wird, rangiert weder in der Perspektive der Lernenden noch der Lehrenden besonders hoch. Bezieht man jedoch alle Fächer mit ein, könnten sich Testinhalte zu einem inoffiziellen Curriculum einiger Kernkompetenzen entwickeln, das den Unterricht auf ein Niveau senkt, auf dem für anspruchsvolle Inhalte und Methoden die Leistungserwartungen ebenso wie die Lernzeiten reduziert würden.

3. Blickt man auf die Entwicklung in Baden-Württemberg, scheint aber auch das Gegenteil möglich: eine *Standard-Inflation,* die unter der Zielsetzung besserer Überprüfbarkeit mit einer Feingliederung der Standards die Lehrer erdrückt. Erzeugt wird ein undurchsichtiges Geflecht von zentralen und einzelschulischen Standards. In den Stellungnahmen des Südwestdeutschen Lehrerverbandes zu den Bildungsstandards für Geschichte und Gemeinschaftskunde zeigt sich, dass den Standard befrachteten Lehrern die Hauptarbeit noch bevorsteht: „Die Lehrkraft wird von den ‚Bildungsstandards' weitgehend im Stich gelassen, wenn sie sich von ihnen Hilfen und Strukturen für einen guten Unterricht erwartet. Denn wer seinen Unterricht künftig so gestaltet, dass er die vorgeschriebenen Standards pflichtschuldig ‚abhakt', wird seiner Klasse Geschichte als ein relativ willkürliches und zusammenhangloses Inselhüpfen zumuten. Und je stärker sich der Unterricht künftig an der für Lehrkraft und Klasse erfolgreichen Teilnahme an der E-valuation konzentriert, desto mehr ist mit solcher Engführung zu rechnen... Geschichtslehrerinnen und Geschichtslehrer müssen dieser Vorlage den Charakter eines Flickenteppichs nehmen und ihr vor allem einen historischen Sinn einhauchen" (Koppmann 2003) Kommt es also neben den nationalen auch zu konkurrierenden Standards aller Bundesländer, diese wiederum ergänzt durch Konkretisierungen an jeder Schule? 1998 schätzte eine amerikanische Untersuchung die zur Abdeckung der Standards nur in den Kernfächern benötigte Unterrichtszeit auf nicht weniger als 22 Jahre (Marzano/Kendall 1998).

4. Lehrkräfte sind nicht in der Lage, komplex konstruierte Kompetenztests selbst auszuwerten. Das führe zu einer Deprofessionalisierung. Lehrer kommen folglich unter den Bedingungen externer Evaluation kaum umhin,

---

http://www.kultusministerium.hessen.de/) Dazu Klieme 2003: 107: „Die Veröffentlichung von einzelschulischen Ergebnissen im Sinne eines „Rankings" oder in „Liga-Tabellen" hat sich als kontraproduktiv erwiesen und sollte deshalb unterbleiben."

sich nach den Beispielaufgaben der Tests zu richten. Durch *teaching to the standards* würde die Wahl eigener Wege und Schwerpunkte der Lehrer erschwert und ein schematisches Lernen der Schüler begünstigt. „*Testitis*" könne auch zur Schülerkrankheit werden, wenn die eigene Einsicht in gut begründete Lernziele und Aufgabenstellungen weniger gefragt würde als Wettbewerb und Ichorientierung .

5. Schulen traue man zu, so die letzte Befürchtung, von der bisherigen Rechenschaftslosigkeit gegenüber der Öffentlichkeit in den *Dauertest* umzusteigen. Die Schule als permanentes „Assessment-Center"? Nach neuen Lehrplänen und Vergleichsarbeiten werde mit den Standards unvermeidlich ein weiterer papier- und verwaltungsintensiver Strang in die ohnehin bürokratisch durchwucherte Schulorganisation eingezogen. Der geforderte Zeitaufwand müsste folglich genau das einschränken, was eigentlich angestrebt wird: besserer Unterricht. Das zunehmende Tempo schulischer Veränderungen mag der durch Kurzzeitigkeit und Standortkonkurrenz geprägten Normenwelt der Globalisierung entsprechen, widerspricht jedoch einem bewussten schulischen Bildungsprozess. Droht hier nicht Schleudergefahr?

Soweit der Ausblick auf einige der vor uns liegenden Risiken und Befürchtungen. Die kritische Sicht auf die vorgeschlagenen Bildungsstandards kann das eingangs beschriebene Beliebigkeitsproblem nicht beheben, aber Hinweise auf die Widerstände und Probleme geben, denen extern gesetzte Standards ausgesetzt sein werden. PISA ist zu verdanken, dass eine entscheidende Schwäche der Schule deutlich wurde. In ihrer Black Box sehen Schulen und Lehrer zur Zeit nicht klar genug, was sie bewirken, ob sie gute Arbeit verrichten, über welche Kompetenzen die Schüler verfügen. Von den Entscheidungen der Lehrer aber hängt es ab, welche Standards wie angepeilt werden. Die Beliebigkeit der Standards ist jedoch nicht naturgegeben, sondern auch Ergebnis von Schulgeschichte, also von gesellschaftlicher Entwicklung und schulpolitischen Entscheidungen. Diese folgten bislang überwiegend dem Modell der Input-Steuerung, zuerst über die Stoff orientierten Lehrpläne, dann in den 70er Jahren über lernzielorientierte Curricula. In Hessen waren darin immerhin Phasen schulnaher Unterrichtsentwicklung eingeschlossen, d.h. die unterrichtsbegleitende Konkretisierung von Bildungszielen und von fachlichen Standards durch die Anstrengung von Lehrerteams. Sie wurden außerdem über mehrere Jahre institutionell mit Koordinationsstunden für die Fachlehrer eines Jahrgangs unterstützt.

4. Lösungswege, Vorschläge

Zwischen schulischer Skepsis und Politiker-Emphase gibt es also vielleicht den dritten Weg einer rationalen, differenzierten Lösung. Beide Positionen können gute Gründe vorweisen. Im Mittelpunkt steht die Förderung von Lernprozessen der Schüler. Bildungsstandards müssen, indem sie zentrale fachliche Kompetenzen und ihren Aufbau über die Schuljahre hinweg darlegen, systematisch an Bildungsziele und Lehrpläne anschließen und Kompetenzstufenniveaus angeben. Sie sollten außerdem Beispielaufgaben einschließlich ihrer Lösungswege enthalten. Dabei wird das Dilemma der Trennung von konkreten Inhalten und abstrakten Kompetenzen nicht leicht aufzulösen sein. Standards halten die Inhalte allgemein und übersehen dabei, dass der Lernerfolg bei Kompetenzen mit der reflektierten Auswahl und der Attraktion der Inhalte steht und fällt. Der hessische Politik-Lehrplan verkürzt die didaktische Reflexion, man könnte auch sagen: Er überantwortet sie dem Lehrer. Frage- und Problemstellungen, Themen und Unterrichtsgegenstände müssen mit den Wahrnehmungshorizonten der Heranwachsenden verknüpft werden. Dabei können Setzungen wie etwa die von Klafki vorgeschlagenen „epochaltypischen Schlüsselprobleme" helfen, thematische *Kernbereiche von Weltorientierung* zu bestimmen (Klafki 1996). Sie stoßen wichtige Fragen nach der lebensweltlichen Bedeutung der Unterrichtsgegenstände an.

Damit komme ich zu den von der GPJE vorgelegten Standards für den Politikunterricht, die wir hier diskutieren (GPJE 2004). Mich interessiert zunächst ihre Fachlichkeit, also die Frage: Wie arbeiten sie – im Verhältnis zum Lehrplan - die Kernideen des Faches, die damit verbundenen Denkoperationen und das ihnen zuzuordnende Grundlagenwissen heraus? Sie benennen Kompetenzen am Ende der drei Schulstufen, die sich teilweise in der Wahl der ordnenden Kategorien und im Differenzierungsgrad, aber nicht grundsätzlich von denen unterscheiden, die auch der hessische Lehrplan in seinen Übergangs- und Abschlussprofilen nach Klasse 10 und 13 festlegt. Die zuvor genannten Einwände gegen den hessischen Lehrplan treffen wohl auch sie. Nicht die Herausforderungen der Gegenwart und Zukunft bilden offenbar den Ausgangspunkt für Bildungsziele und daraus erwachsende Kompetenzen: „Zentral für die Politische Bildung ist vielmehr solches Deutungswissen, das Schülerinnen und Schülern den Sinngehalt und die innere Logik von *Institutionen, Ordnungsmodellen und Denkweisen* der Sozialwissenschaften ... erschließt." (GPJE 2004: 14) Das alles ist fachsystematisch wichtig, aber ist es das Zentrum? - Hinzu kommt eine unbefriedigende Auslegung von „Kumulativität" (Klieme 2003: 26 f). Standards sollten Schüler orientiert die Kompetenzen aufeinander aufbauend, also am besten differenziert für jeden Jahrgang und ausgehend von den wesentlichen fachlichen Inhalten beschreiben, wenn sie sich nicht dem breiten Interpretationsspielraum von Lehrkräften ausliefern und letztlich unverbindlich bleiben wollen. Am Beispiel der Kompetenz „politische Urteilsfähigkeit" für den mittleren Bildungsabschluss (Standard 1) ließe sich z.b. fragen: Wie weit gelangt ein Schüler in Klasse 7 und dann in Klasse 8 auf dem Weg zu einem am Ende der Mittelstufe erreichten „reflektierten Grundverständnis des politischen Systems der Bundesrepublik Deutschland"? Was bedeutet das leerformelhafte Attribut „fachlich angemessen" (GPJE 2004: 21)?

Der Erwerb „intelligenten Wissens" (Weinert) erfordert einen systematischen Wissensaufbau im Fach über mehrere Jahre. Wenn Standards diesen vertikalen Lerntransfer nicht berücksichtigen, verfehlen sie ihr Ziel, zur Verbesserung der Unterrichtsqualität beizutragen. Auf die Lernenden bezogen: Interesse am Gegenstand und der Auseinandersetzung mit ihm kann sich bei ihnen erst dann entfalten, wenn für die Übung der Annäherung und des Zweifels, für das Aushalten von Mehrdeutigkeit und für das umwegreiche und fehlerfreundliche Wachsenlassen von Einsichten und Fähigkeiten genügend Zeit vorhanden ist. Halten die vorliegenden Standards dieses Kriterium aus? Antworten könnten Musterlösungen der Aufgabenbeispiele geben. Diese fehlen jedoch. Die Entwicklungsarbeit steht also noch vor einigen Aufgaben.

Er geht nicht als einseitiger Top-Down-Prozess. Zu spürbaren Änderungen werden die Standards nur dann führen, wenn komplementär dazu eine Bottom-Up-Entwicklung gefördert wird, in der Schulen und Lehrkräfte die Qualitätsentwicklung zu ihrer Sache machen können. Dazu gehört auch, dass sie aktiv in die Entwicklung von Kompetenzmodellen eingebunden werden und ihre Umsetzung vorantreiben. Ohne Fortbildungsangebote, finanzielle und Zeit-Ressourcen wird es gute Standards an den Schulen nicht geben.

Es wäre daher viel gewonnen, wenn die das Fach Unterrichtenden in einen Diskurs über die Standards eintreten, um ihre allgemein bildenden Inhalte und die geeigneten Methoden zu klären. Im Lehrplan geschieht dies bisher nur insofern, als er Inhalte und Kompetenzen in allgemeiner Form auflistet. Zum Beispiel wird das Thema „Globalisierung" in 13.2 so vorgestellt:

Abbildung 1: Thema Globalisierung im Lehrplan der Oberstufe

Weltwirtschaft und Globalisierung	Weltmarkt und Welthandel zwischen Liberalisierung der Märkte und globaler Ordnungspolitik; transnationale Konzerne, Standortfaktoren und Veränderungen der internationalen Arbeitsteilung, internationale Finanzströme und Verschuldung (Hessisches Kultusministerium 2003: 38 f)

In der vorangestellten „Begründung" werden als Ziele genannt: Der Unterricht solle „informieren, unterschiedliche Einschätzungen dieser Entwicklung überprüfen und die Voraussetzungen für eine kompetente Teilnahme an der Diskussion über dieses Thema schaffen. (...) Wichtiger Aspekt der kritischen Einschätzung der oben beschriebenen Entwicklung ist das Verhältnis von Globalisierung und Sozialstaat." Kompetenzen bilden sich bei Einbindung der Inhalte in einen Anwendungskontext (Klieme 2003: 76), was der Lehrplan nicht leistet. Für das Thema „Globalisierung" bieten sich zahlreiche Fallanalysen an, in deren Verlauf die Schüler das erworbene Wissen unter Beweis stellen können (Ein aktuelles Beispiel: Auslaufen des Welttextilabkommens Ende 2004 und die daraus entstehenden Konsequenzen in LDC-Ländern wie Bangladesh oder die deutsche Textilindustrie). Hieran entwickeln sich Kompetenzen, etwa in der Klärung von Gerechtigkeitsvorstellungen, die zu Standards führen können, über die nur Fachdidaktiker bzw. Fachlehrer aufgrund reflektierter Unterrichtserfahrung entscheiden können.

Voraussetzung eines solchen Diskurses über Ziele und Lernwege ist also die konsequente und kontinuierliche Arbeit von Lehrerteams und Fachkonferenzen, den „schlafenden Riesen" der Unterrichtsentwicklung. Ihr Ziel sollte nicht die Suche nach dem kleinsten gemeinsamen Nenner und die Verabschiedung von „Minimalplänen" sein, sondern gerade die „Tiefenstaffelung" von Unterrichtsthemen und die Reflexion darüber, was *an* den jeweiligen Stoffen möglichst *nachhaltig* gelernt werden kann. Dieser Diskurs der Lehrenden müsste sich auch zur Aufgabe machen, in der Komplexität gestufte, auf Anwendungsbezüge durchdachte Lehr- und Lernarrangements[4] und dafür geeignete Aufgabenbeispiele zu entwickeln sowie Verfahren zur Bewertung von Projektarbeiten und kooperativen Leistungen zu erproben.

Die Erhebungen von Schülerleistungen müssen dann auch so angelegt sein und die Ergebnisse in einer Form aufbereitet werden, dass sie von den Lehrkräften bzw. Schulen vor dem Hintergrund ihrer konkreten Bedingungen interpretierbar und für ihre Arbeit nutzbar gemacht werden können. Das geht nur, wenn die Mitarbeit an den Standards in z.B. Fachkonferenzen, die Entwicklung begleitender Unterrichtsmaterialien durch Lehrerteams und Fachdidaktiker Teil des Prozesses wird.

Diese Lehrerteams müssten von Angeboten der Fortbildung unter Einbeziehung von Fachdidaktikern unterstützt werden. Ein *Fortbildungskonzept* muss die

---

[4] Der Begriff wurde übernommen aus dem Papier der Expertenkommission *Weiterentwicklung der Prinzipien der gymnasialen Oberstufe und des Abiturs*. Darunter werden Phasen projektartigen Lernens in Gruppen verstanden, das sich am Transfer und komplexen Problemen orientiert. Zentral ist die Person des Schülers sowie dessen Aktivität. Vgl. Sekretariat der Ständigen Konferenz der Kultusminister der Länder in der Bundesrepublik Deutschland 1995.

gründliche Information über den Hintergrund der Standarddebatte im Zusammenhang mit der des Bildungsbegriffs an den Anfang stellen. Positive und negative Erfahrungen anderer Länder sind dabei zu bedenken. Fachspezifisch ist die Frage nach Kompetenzstufen zu beantworten, auch die Frage danach, wie Unterricht besser als bisher die Entwicklung von Kompetenzen berücksichtigen kann. Der Schwerpunkt muss dabei in der inhaltlichen Konturierung des Unterrichts liegen, z.b. durch die exemplarische Darstellung von Lernsequenzen. Zu klären ist das Verhältnis von Standards und Notengebung („Testitis"). Schließlich ist ein Metawissen nötig, um den Lernstand der Schüler zuverlässiger diagnostizieren zu können und um auf gewonnene Diagnosen kompetent zu reagieren. Zu den *schulischen Bedingungen* gehört: Die Lehrerteams benötigen geeignete Arbeitsmittel und schließlich Handlungsspielräume und Organisationsstrukturen, um das, was als notwendig erkannt ist, auch nachhaltig umzusetzen. Ein Entlastungsdeputat könnten sie aus der Lehrerfortbildung oder über Schulämter und Schulleitungen erhalten. Die Ergebnisse müssen in einen Regelkreis einfließen, der entwickelte Konzepte mit Unterrichtserfahrungen rückkoppelt.

Im Klieme-Gutachten heißt es: „Die Arbeit mit Bildungsstandards an Schulen richtet sich primär auf den Fachunterricht und die dort aufzubauenden Kompetenzen." (Klieme 2003: 93). In der bevor stehenden Debatte um nationale Bildungsstandards hat das Selbstbewusstsein der Schule daher auch eine starke Stütze: Die von außen kommenden Standards müssen den Test bestehen, dass Lehrer sie als nützlich und hilfreich aufnehmen.

Literatur

Astel, Arnfried 1968: Notstand, Wuppertal

Blumbach, Marianne u.a. 2000: Bildung braucht guten Grund. Beiträge zur Reform der Grundkurse in der gymnasialen Oberstufe und im beruflichen Gymnasium, Wiesbaden (HeLP) S. 47-61

Gesellschaft für Politikdidaktik und politische Jugend- und Erwachsenenbildung (GPJE) 2004: Nationale Bildungsstandards für den Fachunterricht in der Politischen Bildung an Schulen. Entwurf 2004, in: http://www.gpje.de/bildungsstandards.htm (27.8. 2004)

Hessisches Kultusministerium 2003: Lehrplan Politik & Wirtschaft. Gymnasialer Bildungsgang. Jahrgangsstufen 7 bis 13, in: http://sform.bildung.hessen.de/gymnasium/skii/Gesellschaft/lp/curr/ (27.8.2004)

Hessisches Kultusministerium o.J.: Entwurf für ein Drittes Gesetz zur Qualitätssicherung in hessischen Schulen. In: http://www.hessisches-kultusministerium.de/downloads/Schulgesetz-Entwurf.pdf (27.8.2004)

Klafki, Wolfgang 1996: Neue Studien zur Bildungstheorie und Didaktik, 5. Auflage, Weinheim / Basel

Klieme, Eckhard 2003: Zur Entwicklung nationaler Bildungsstandards. Eine Expertise. Bonn: BMBF

Koppmann, Jan 2003: Bildungsstandards für Geschichte – zur Endfassung. Stellungnahme des Südwestdeutschen Lehrerverbands für Geschichte und Politische Wissenschaften e.V. zum Entwurf der Bildungsstandards für die Kursstufe im Fach Geschichte. In: http://www.swl-bw.de/5_statements/5_statements_uebersicht.htm (27.8.2004)

Machui, Thomas von 2000: Im Zentrum des Wissens liegen allgemeinbildende Inhalte, in: Kursiv, Journal für politische Bildung, Heft 4 (2000)

Marzano, Robert J./ Kendall, John S. 1998: Awash in a Sea of Standards, McREL, in: http://www.mcrel.org/PDF/Standards/5982IR_AwashInASea.pdf (27.8.2004)

Oelkers, Jürgen 2003: Zum Problem von Standards aus historischer Sicht. Eröffnungsvortrag auf der Fachtagung „Bildungsstandards" am 15.12.2003 in der Evangelischen Akademie Bad Boll, in: http://www.paed.unizh.ch/ap/home/vortraege.html (27.8.2004)

Sekretariat der Ständigen Konferenz der Kultusminister der Länder in der Bundesrepublik Deutschland (Hrsg.) 1995, Weiterentwicklung der Prinzipien der gymnasialen Oberstufe und des Abiturs. Abschlussbericht der von der Kultusministerkonferenz eingesetzten Expertenkommission, Kiel

Steffens, Gerd 2001: Stellungnahme zu: Hessisches Kultusministerium: Lehrplan Sozialkunde. Gymnasialer Bildungsgang. Jahrgangsstufen 7 – 10. Entwurf: Stand 1. 2. 2001. In: http://sform.bildung.hessen.de/gymnasium/skii/Curriculum/pool_lp/ (27.8.2004)

3 Schwerpunkt Weltwissen und Teilhabekompetenz

Politische Bildung als orientierendes Weltwissen

Karl-Heinz Breier

1. Politische Bildung und öffentliche Erziehung zum Politischen

„In der republikanischen Regierungsform ist man auf die ganze Stärke der Erziehung angewiesen" (1992: 53), schreibt Montesquieu im vierten Buch seiner Untersuchungen *Vom Geist der Gesetze* und im fünften Buch, das *von der Erziehung in der Republik* überschrieben ist, fährt er fort:

> „Die Tugend in einer Republik ist etwas sehr Einfaches, nämlich die Liebe zur Republik. Sie ist ein Gefühl, nicht Folge von Kenntnissen; der geringste Mann im Staat kann dieses Gefühl ebenso gut haben wie der erste. Hat das Volk einmal gute Grundsätze, so hält es länger daran fest als die sogenannte gute Gesellschaft. Selten beginnt der Verfall (orig. 'corruption', K.-H. B.) bei ihm." (Montesquieu 1992: 62 f.)

Nicht allein von Kenntnissen (1) ist bei Montesquieu die Rede, sondern in erster Linie spricht er vom Gefühl (2) und von Grundsätzen (3), aus denen sich in einer intakten Republik die Hingezogenheit zur eigenen politischen Ordnung speist. Darüber hinaus betont er den Vorbildcharakter einer korruptionsresistenten politischen Elite (4) sowie die Republik stabilisierende Bedeutung weit verbreiteter und tief verankerter Werthaltungen unter den Bürgern (5).

Im abschließenden Kapitel seiner *Einführung in die Politikwissenschaft* umreißt Theo Stammen das Verhältnis der Politikwissenschaft zur Politischen Bildung. Demzufolge kann die

> „Mithilfe der Politikwissenschaft bei der Bemühung der Politischen Bildung auf verschiedenen Ebenen liegen: 1. Auf der *kognitiven Ebene* [...] 2. Auf der *affektiven Ebene* [...] 3. Auf der *werthaften Ebene* [...]" (Berg-Schlosser/Stammen 2003: 309 ff.).

Wie wir deutlich sehen können, entsprechen diese drei Ebenen, auf denen sich Politische Bildung vollzieht, den drei Dimensionen, aus denen sich nach Montesquieu die Wertschätzung zur Republik speist: Die Kenntnisse liegen auf der kognitiven Ebene, das Gefühl macht die affektive Ebene aus, und die Grundsätze sind eindeutig auf der werthaften Ebene angesiedelt. Auf allen drei Ebenen vollzieht sich Politische Bildung, und auf allen drei Ebenen artikuliert sich jener *esprit général*, aus dem sich nach Montesquieu der innere Zusammenhalt einer Gesellschaft speist.

„Was hält die Gesellschaft zusammen?" (Heitmeyer 1997) ist die moderne Version der Frage nach dem *esprit général* Montesquieuscher Prägung. Beide Fragen zielen darauf ab, nach dem gemeinsamen Band Ausschau zu halten, das Bürger miteinander verbindet, und dieses Fragen nach dem Verbindenden schließt an die bereits in der Antike diskutierte Frage nach der *homonoia* an. Die Eintracht - und damit ist gemeint der innere Zusammenhalt der Bürger in Bezug auf ihr Verfassungsleben - gilt als das höchste politische Gut. Dieses hohe Gut zu hegen und zu pflegen, ja unter Umständen zu erneuern, gehört daher zu den wichtigsten Aufgaben aller Bürger, insbesondere jedoch der im öffentlichen Rampenlicht stehenden Amtsinhaber. Karl Jaspers greift diesen Gedanken auf:

„Die Regierenden umwittert keine Art von Heiligkeit. Es ist umgekehrt erwünscht, daß sie der schärfsten Kritik ausgesetzt werden. Wer es wagt, solche Stellungen zu übernehmen, muß sich bewußt sein, daß hohe politische und sittliche Anforderungen an ihn gestellt werden, daß er sich der hellen Belichtung all seines Tuns aussetzt und darin bestehen muß, daß von ihm mehr verlangt wird als von anderen, nicht aber daß er in einen geschützten Raum eintritt." (Jaspers 1988: 147)

Offensichtlich kommt der politischen Elite die Aufgabe zu, dem Selbstverständnis der politischen Ordnung öffentlich Ausdruck zu verleihen, weswegen diejenigen als die geeignetsten Repräsentanten erscheinen, die im wörtlichen Sinne den geistigen Gehalt ihrer Ordnung eben *verkörpern*. In dieser Hinsicht ist eine korruptionsresistente Elite unabdingbar. Die Stabilität einer Freiheitsordnung hängt davon ab, dass - in einem saloppen Bild ausgedrückt - der Fisch nicht am Kopf zu stinken beginnt.

Insbesondere die Repräsentanten einer Republik müssen sich in vorbildlicher Weise an die Verfassung und an die von ihnen verabschiedeten Gesetze halten, weshalb etwa ein monarchisches Ehrgehabe, das für sich eine Sonderstellung außerhalb der Verfassung beansprucht, Gift für die Republik ist. Wer in gebieterischer Monarchenpose öffentlich sichtbar die Autorität der gemeinsamen Gesetze untergräbt, fügt der Bürgerordnung schweren Schaden zu.

Die mit dem Politischen verbundene Sichtbarkeit darf nicht von einem Einzigen absorbiert werden, so dass alle anderen im Dunkeln bleiben. Der durch seine Phänomenalität und durch seine Sichtbarkeit charakterisierte Bereich des Politischen würde unkenntlich werden und drohte zu verkümmern. Achtens- und damit nachahmenswürdige Repräsentanten sind in einer intakten Republik daher diejenigen, die in ihrem Sprechen und Handeln jene politischen Qualitäten zum Ausdruck bringen, die einer freiheitlichen Ordnung angemessen sind und die dazu dienen, diese Ordnung, die als ein zerbrechliches Gut sorgsamer Pflege bedarf, zu erhalten und wenn nötig zu erneuern.

Je größer also die öffentliche Verantwortung ist, die jemand übernimmt – und in einer modernen Wirtschafts- und Mediengesellschaft verlagert sich diese von den politisch Gewählten zunehmend auf die leitenden Manager und einflussreichen Konzern- und Fondsverwalter – desto mehr sollte die *innere Republik* in den Entscheidungsträgern ausgeprägt sein, damit deren Haltung zum Wohle der *äußeren Republik* in ihrem Sprechen und Handeln Niederschlag findet. An diesem Punkt setzt denn auch die Debatte über Wirtschaftsethik an, die in ihrer Suche nach dem Maß freiwilliger Selbstbindung nicht umhin kommt, das handelnde und sich womöglich als ungebunden erfahrende Selbst auf seine Verantwortung für das Gesamte und dessen Wohlgeordnetheit zu befragen. (Breier 1997: 161 ff.)

Es wird deutlich, dass den führenden Repräsentanten eine eminent erzieherische Aufgabe zukommt. Immerhin prägen sie den öffentlichen Raum, und es liegt an ihnen, ob es ihnen gelingt, die Mitbürger zur inneren Annahme und Ausgestaltung der gemeinsamen Verfassung zu bewegen. Indem die Amtsinhaber ihr Amt verantwortlich ausüben, können sie von ihren Mitbürgern als Treuhänder der gemeinsamen Ordnung wahrgenommen werden. Und diese Wahrnehmung sollte es auch den eher Unpolitischen erleichtern, ihre politischen Institutionen als die Ihrigen zu akzeptieren und sich regieren zu lassen.

„Überzeugen" heißt seit Platon ja nichts anderes als „die Psyche bewegen". Da liegt es auf der Hand, dass nur derjenige überzeugen und die gemeinsame Freundschaft zur Verfassung stärken kann, der selbst in seiner öffentlichen Sichtbarkeit den Geist der Verfassung verkörpert und dies in seiner Amtsführung hinreichend zu erkennen gibt. Denn darauf läuft ja „der ganze Unterschied von guter und schlechter Verfassung hinaus" (Aristoteles 1985: 1103 b 3 ff.), dass die Amtsinhaber ihre Mitbürger entweder durch Einsicht oder durch Gewöhnung auf das gemeinsame Gut hin orientieren.

In einer intakten Republik sollte die meinungsführende Öffentlichkeit allerdings in der Lage sein, politische Vortrefflichkeit von der nur mangelhaften Qualität eines Amtsinhabers zu unterscheiden. Das heißt, die urteilende Öffentlichkeit muss die Amtsführung in ihrer Qualität beim Namen nennen können, um die Amtsinhaber entweder loben oder tadeln zu können. Wo die politische Öffentlichkeit dazu nicht in der Lage ist, weil sie sich angesichts der Aufdringlichkeit effekthascherischer Kuriositäten mehr für diese interessiert als für eine wissbegierige Durchdringung ihrer eigenen politischen Realität (Pieper 1996: 189 ff.), haben es Amtsbewerber und Amtsinhaber sehr schwer, sich auszuzeichnen und in ihren Qualitäten als Vorbilder wahrgenommen zu werden.[1]

Die Politische Bildung ihrerseits hat einen umso schwereren Stand, je weniger sie an sichtbare und die Öffentlichkeit prägende Vorbilder anknüpfen kann. Glücklich können sich daher politische Gemeinschaften schätzen, die – wie etwa die Vereinigten Staaten von Amerika – auf ihre Gründungsväter stolz sind und deren politische Tugenden und Qualitäten verehren und in der kollektiven Erinnerung behalten (Gebhardt 1976: 9 ff.). Einer Politischen Bildung jedenfalls, die unmittelbar an ein intaktes republikanisches Selbstverständnis einer Gesellschaft anknüpfen kann, dürfte es leicht fallen, die Institutionen in ihrem freiheitsdienenden Charakter zu erörtern und das Handeln der Amtsinhaber kritisch zu begleiten.

Wo hingegen die politische Führungsschicht unter generellem Verdacht steht, wo Politiker nicht in Ansehen stehen, weil Politik ohnehin für ein schmutziges Geschäft gehalten wird, und wo ohne Ansehen der Person Politiker an Stammtischen als „Pack" und „Lumpen" bezeichnet werden, da ist die Freiheitsordnung nicht in guter Verfassung. Es fehlt offensichtlich an Zutrauen in die Qualitäten und an Vertrauen in die Integrität der eigenen Repräsentanten.

Wir halten fest: Politische Bildung als orientierendes Weltwissen kann allenfalls die Einbürgerung der Bürger in ihre politische Ordnung unterstützen. Keinesfalls kann die in knapp bemessenen Schulstunden vermittelte Politische Bildung die Herkulesaufgabe auf sich nehmen, ein - wie Wilhelm Hennis sagt - „völlig unerzogenes Land" (Riehl-Heyse 1999: 13), in dem sogar führende Repräsentanten gegen Gesetze verstoßen und diese bewusst missachten, politisch zu erziehen. Und zur Oberideologin, die womöglich von einer heilen politischen Ordnung spricht, während um sie herum jedermann Vorteilsnahme, Bestechung und Bestechlichkeit für den politischen Normalfall hält, sollte sich die Politische Bildung nicht abstempeln lassen.

---

[1] Anhand der Unterscheidung der beiden Begriffe *curiositas* und *studiositas* weist Pieper darauf hin, dass eine Öffentlichkeit, die „sich umgeben hat mit der Rastlosigkeit eines unaufhörlichen Films sinnloser Schaudinge und mit dem buchstäblich taub machenden Lärm von nichts weiter als Impressionen und Sensationen, die in pausenloser Hetzjagd an allen Fenstern der Sinne vorbeitoben" (S. 191), sich zu sehr ihrer bloßen Neugierde (curiositas) hingibt und darüber versäumt, alle ernsthafte Wissbegierde (studiositas) hinreichend zu pflegen.

2. Freiheit und weltlicher Handlungsraum

Orientierendes Weltwissen ist unmittelbar auf unsere Welt, das heißt auf unsere Handlungswelt bezogen. Und Weltbezug ist notwendig an Pluralität gebunden. Mit anderen Worten: Im Bereich des Politischen ist Pluralität unverzichtbar. Worauf sollte jemand sein Handeln richten und an welches Handlungsgeflecht sollte er anknüpfen können, wenn er – wie Robinson Crusoe auf der Insel – nur für sich allein existierte? Er könnte überhaupt nicht handeln, er stünde außerhalb aller Gesellschaft, er wäre vollkommen losgelöst, sprich absolut. Doch absolut zu sein – und darauf läuft Montesquieus Kritik am zeitgenössischen Absolutismus bereits hinaus –, ist in höchstem Maße unmenschlich.

> „Politisch hat sich vermutlich kein anderer Bestandteil des traditionellen philosophischen Freiheitsbegriffs als so verderblich erwiesen wie die ihm inhärente Identifizierung von Freiheit und Souveränität." (Arendt 1994: 213)

Hannah Arendt, die Montesquieu aufs Einfühlsamste weiterdenkt, warnt in Anlehnung an Montesquieu davor, politische Freiheit mit Souveränität gleichzusetzen. Während die private Freiheit sich daran bemisst, in welchem Maße man möglichst unbehelligt, ungestört und in jeder Hinsicht unabhängig sein eigener Herr sein kann, so erfahren wir politische Freiheit allein unter der Bedingung von *Nicht*-Souveränität. Nur *in* der Gesellschaft sind Bürger politisch frei und nicht außerhalb der Gesellschaft oder gar gegen sie. Während die private Handlungsfreiheit darauf beruht, möglichst unangefochten einen rechtlich gesicherten Stand *gegenüber* allen möglichen Freiheitseinschränkungen einzunehmen, handelt es sich bei der politischen Freiheit um ein tätiges Bezugnehmen *in* der Welt.

> „Wo Menschen, sei es als einzelne, sei es in organisierten Gruppen, souverän sein wollen, müssen sie die Freiheit abschaffen. Wollen sie aber frei sein, so müssen sie auf Souveränität gerade verzichten." (Arendt 1994: 215)

Wer souverän sein will, verhält sich wie homo faber, jener Herr und Meister, der souverän alle Dinge als Material und Mittel für seine Zwecke in Gebrauch nimmt. Er nimmt Stand *gegenüber* seinem Material. Politisch Handelnde jedoch befinden sich immer in Bezug zu anderen Handelnden, d. h. sie nehmen Stand *in* der Welt, in der sie leben. Ihr Handeln knüpft an ein Netz von Bezügen an, in welchem das ursprünglich Beabsichtigte eine Verwandlung erfährt. Denn im Handlungsverlauf, in den andere Handelnde gleichermaßen ihre Handlungsneuanfänge in das gemeinsame Bezugsnetz hineinweben, entzieht sich der Handlungsgang jeder angemaßten souveränen Verfügbarkeit auch nur eines Einzelnen.

„Wenn es das Phänomen des politischen Handelns wesentlich ausmacht, daß Menschen nur gemeinsam, niemals aber als einzelne zu handeln vermögen, dann ist die Bedingung des Handelnkönnen eines jeden die Anerkennung des Rechts aller anderen, sich gemeinsam am Handeln und dem von ihm eröffneten Raum zu beteiligen." (Vollrath 1977: 410)

Während das Material, über das homo faber verfügt, sich nicht wehrt und den Kausalgesetzen, denen es unterliegt, notwendig gehorcht, so trifft jeder Handelnde in seinem Handeln auf die Handlungsfreiheit Anderer. Das heißt, politische Freiheit, die so offensichtlich an die Pluralität von Handelnden gebunden ist, bedarf eines weltlichen Handlungsraumes.

„Was innerhalb dieses Problemzusammenhangs so außerordentlich schwer zu verstehen ist, ist die einfache Tatsache, daß es menschlicher Existenz eigentümlich ist, daß ihr Freiheit nur unter der Bedingung der Nicht-Souveränität geschenkt ist." (Arendt 1994: 214)

Für Montesquieu, den Bezugsdenker, der gerade deshalb ein originär *politischer* Denker ist, erweist sich politische Freiheit als weltbezogenes Handeln-*Können*. Und dieses Handeln-*Können* setzt er explizit gegen die philosophische Freiheit des vernunftbezogenen Handeln-*Wollens* ab. „Das Leben ist nämlich eine Tätigkeit" (1985: 1175 a 12), resümiert Aristoteles im zehnten Buch seiner *Nikomachischen Ethik*, und im dritten Kapitel des ersten Buches diskutiert er einleitend die unterschiedlichen Arten menschlichen Tätigseins. (Aristoteles 1985: 1095 b 13 ff.) Dabei unterscheidet Aristoteles die genuss- und vergnügensbetonte Lebensweise (bios apolaustikos), die an einem gelungenen Umgang mit äußeren und leiblichen Gütern interessiert ist, von der politischen Lebensweise (bios politikos), die in ihrer Praxis einen gelungenen Aufenthalt in der Welt unter Menschen anzielt, und diese wiederum hebt er von der theoretischen Lebensweise (bios theoretikos) ab, die in ihrem Vollzug auf Einsicht, d. h. die geistige Durchdringung alles Seienden gerichtet ist.

Aristoteles stellt damit *Die Frage nach der Lebensform* (Baruzzi 1985), und offensichtlich knüpft die republikanische Form des politischen Denkens an diesen antiken Topos an: Das Ziel eines weltbezogenen, politischen Lebens besteht demnach darin, sich aktiv am gemeinsamen Zusammenleben zu beteiligen, darin praktische Qualitäten zu entwickeln und im gelungensten Fall unter seinen Mitbürgern in Ansehen zu stehen und Würdigung und Ehre zu erfahren.

„Der *polites* sucht Anerkennung." (Baruzzi 1985: 147) Er möchte wahrgenommen, geachtet, in seinem Tun gewürdigt werden. Als unverkennbare, sprich jede Funktionalität überbietende Person wahr- und angenommen zu werden, übt für erscheinende Wesen einen existenziellen Reiz aus. Zu *sein*, bedeutet für weltverhaftete Wesen, in Erscheinung zu treten, und zwar in der geschichtlichen Originalität und in der unverwechselbaren Sichtbarkeit des eigenen Tätigseins.

In ihrer Schrift *Vita activa oder Vom tätigen Leben* entfaltet Hannah Arendt, in welcher Art und Weise diese uns auszeichnenden Tätigkeiten - nämlich zu handeln und das Handeln in Sprache auszulegen - als *die* politischen Tätigkeiten par excellence angesehen werden können. „Politik entsteht in dem *Zwischen-den-Menschen*, also durchaus *außerhalb des* Menschen." (Arendt 1993: 11) Als bezugs- und Welt stiftende Tätigkeiten sind daher die Tätigkeiten des Handelns und des Sprechens die originär weltbezogenen Tätigkeiten, die der menschlichen Pluralität als einer maßgeblichen Grundbedingtheit unserer Existenz hinreichend Rechnung tragen (Arendt 1981).

3. Politische Bildung als kategoriales und orientierendes Weltwissen

Da wir als Menschen unter den Bedingungen der Pluralität und Endlichkeit unser Leben führen, stellt sich die Frage nach den Hinsichten und Zielen unseres Daseins. In diesem Sinne dienen uns Kategorien als geistige Formen, mit deren Hilfe wir zueinander in Beziehung treten und die unser Miteinander verständlich machen: Wer meint, im Bereich des Politischen könne man sich nach getaner Tat – so wie der Schöpfer eines Kunstwerkes – bequem zurücklehnen, der verkennt den vergänglichen Charakter von politischen Ordnungen. Verfassungen sind nur so lange von Dauer, wie die Verfasstheit der Menschen sie mit Leben erfüllt. Und dies bedeutet: Dem Aufstieg und Fall der Mächte kann nur durch ein kategoriales Fundament freiheitlicher Selbstinterpretation Einhalt geboten werden.

Welches Selbst- und Weltverständnis leitet uns in unserem Tun, und welche Kategorien kann Politische Bildung freilegen, um zur Klärung und geistigen Durchdringung der Selbstinterpretation von menschlicher Existenz in Gesellschaft beizutragen?

Bereits Sokrates hat diesen Stein des Prüfens ins Rollen gebracht: Er bestand darauf, dass ein ungeprüftes Leben nicht lebenswert sei. (Platon 1973: 37e-38a) Für ihn gehört es zur *conditio humana*, das Leben zu reflektieren, es auf seine Qualitäten und ihre Bedingungen zu befragen. Von daher sollte eine Politische Bildung, die sich als orientierendes Weltwissen versteht, an den grundlegenden Kategorien des Politischen anknüpfen.

Die ursprünglichen Erfahrungen und Einsichten, die in zentralen politischen Begriffen aufbewahrt sind, sollte eine orientierende Politische Bildung freilegen. Das heißt, sie sollte sich darum bemühen, diese in ihrer kategorialen Reichweite für ein erweitertes Verständnis unserer Gegenwart fruchtbar zu machen. In diesem Sinne ist politisches Ordnungswissen gefragt, und nichts anderes fordert

Karl Jaspers ein, wenn er auf die maßgebliche Bedeutung insbesondere der Politischen Theorie für unser Verständnis des Politischen verweist:

> „Ohne die Kenntnis und Übung im Studium der großen politischen Denker bleibt der eigene Horizont eng. Um die Weite in der gegenwärtigen Weltsituation zu erfassen als etwas in der Tat Neues, das unser aller Schicksal wird, ist die Weite des überlieferten politischen Denkens, wie es in den wenigen politischen Denkern sich zeigt, unerlässlich." (Jaspers 1988: 207)

Offensichtlich bedeutet dies, dass eine „Schrumpfung der politischen Wissenschaft zu einer bloßen Beschreibung und Verteidigung der jeweils bestehenden Institutionen" (Voegelin 1991: 20) vermieden werden muss. Gegenstand der Politischen Bildung ist demnach nicht allein die tagesaktuelle Politik, sondern ebenso das Politische in seiner öffentlichen Selbstauslegung.

> „Nach dem Examen wird schnell vergessen. Dann entscheidet nicht der Besitz an Gelerntem, sondern die Urteilskraft. Nicht das Wissen hilft, sondern [...] die Fähigkeit, die Dinge denkend unter Gesichtspunkten aufzufassen." (Jaspers 1961: 70)

Wer das Politische verstehen will, muss die Welt der Phänomene als eine kategorial geordnete zu Bewusstsein bringen. (Vollrath 1987: 229) Daher ist es die Aufgabe der Politischen Bildung, zur Erhellung und Strukturierung der Ordnungskategorien beizutragen. Salopp ausgedrückt: Um zu erkennen, was manche Politiker spielen, ist es hilfreich zu wissen, was in der Politik auf dem Spiel steht. Das Fragen richtet sich daher auf die Eigenart des Politischen, darauf, was das Politische ausmacht.

> „Das Phänomen des Politischen zeigt sich in seiner Wahrnehmung und von dieser her. Es ist außerhalb seiner Wahrnehmung gar nicht sichtbar, d.h. kein Phänomen. Noch mehr: das Politische, das, ohne etwas bloß Subjektives zu sein, kein objektives Ding ist, existiert außerhalb seiner Wahrnehmung nicht." (Vollrath 2003: 17)

Ernst Vollraths Studie *Was ist das Politische?* führt das Phänomen des Politischen auf die Art und Weise seiner Wahrnehmung zurück. Wahrnehmung bedeutet für ihn *Wahr-nehmung*, und politisch gesprochen ist jede Wahrnehmung immer jemandes Wahrnehmung. Von Wahrnehmendem zu Wahrnehmendem verschieden stellen sich politische Phänomene verschieden dar, und ein vermeintlich eindeutiger Sachverhalt entpuppt sich in politischer Hinsicht als durch und durch mehrdeutig. Je nachdem in welchem Situationszusammenhang die vermeintlich eindeutige Sache verortet wird, desto offensichtlicher tritt ihre Uneindeutigkeit vor Augen.

Als politische Wesen sind wir nicht teilnahmslose Beobachter, sondern wir nehmen als Wahrnehmende einen situationsgebundenen Ort in der Welt ein. Jenseits aller eindeutigen Bestimmung zeigen sich politische Phänomene als ein Ineinander von objektiven Sachverhalten und subjektiven Interpretationen. Das bedeutet für uns als politische Bildner: Wir müssen die Relativität eines jeden Standpunktes in der Welt anerkennen, ohne jedoch in einen wissenschaftlichen Relativismus zu verfallen. Die Anerkennung der hermeneutischen Dimension der Sozial- und Humanwissenschaften lässt sich gleichwohl mit dem Anspruch versöhnen, verbindliches, da auf Gründe verwiesenes, Wissen zu erlangen.

Als vernunftbegabte Wesen führen wir im Gespräch Gründe an. Darüber hinaus können wir im Gespräch die Gründe erschließen, welche die Äußerungen des jeweiligen Gegenüber aus seiner Sicht rational erscheinen lassen: Wir verstehen, was der andere meint. (Habermas 1983: 38 ff.)

Dass ein Mensch etwa, der sich seiner physischen Überlegenheit bewusst ist, das Faustrecht zum Maßstab von Gerechtigkeit erhebt, ist durchaus nachvollziehbar. Versetzt man sich an seine Stelle und übernimmt man seine Sicht auf die Welt, so leuchtet die Argumentation ein. Man versteht, was er meint, jedoch bei genauerer Befragung wird die Engführung der Begründung offensichtlich.

Indem er die allgemeinverbindlichen Gründe seines Anspruches auszuweisen gezwungen wird, werden die Grenzen dieses besonderen „Wahrheitsanspruches" deutlich. In der englischen Sprache bedeutet das Wort *reason* sowohl *Grund* als auch *Vernunft*. Vernünftig ist demnach, was durch Gründe ausgewiesen werden kann. Nicht beliebige Gründe, sondern allein Gründe, die allgemein einsehbar sind, können einen verbindlichen Geltungsanspruch für sich reklamieren.

Diese Fähigkeit zu gemeinsamem Reden gehört zum Spezifikum unseres Menschseins, zu unserer *conditio humana*. Indem Menschen in um Verständigung bemühter Rede und Gegenrede das in ihrer gemeinsamen Vernunft Verankerte zur Sprache bringen, sind sie überhaupt erst fähig, sich zu orientieren und vernunftgeleitete Übereinstimmung zu erzielen. Allein diese Übereinstimmung ermöglicht es, sich aus freien Stücken und ohne äußere Gewaltandrohung unter eine gemeinsame politische Ordnung zu begeben – eine gemeinsame Ordnung, die Manfred Riedel als *Bürgerbund* bezeichnet:

> „Der Bürgerbund, das meint einen *Typus von Verbundenheit,* der die unter Menschen mögliche (und nötige) *Bürgerlichkeit* zum Inhalt hat." (Riedel 1984: 88)

Das wechselseitige Sprechen, das sich um Vernunft bemüht, verweist auf gemeinsame Gründe, die als einsehbares Fundament die Gesprächspartner zu verbinden vermögen. Die Gewahrwerdung (Snell 1986) dieser menschlichen Fähigkeiten fällt mit der griechischen Entdeckung des Politischen zusammen (Meier 1989).

Als vernunft- und sprachbegabte Wesen sind wir in der Lage, eine auf Rationalität und wechselseitige Erörterung basierende gemeinsame Lebensstätte zu gründen. Das heißt, jenseits der puren Existenzsicherung eröffnet sich die spezifisch politische Frage nach der Qualität unseres Zusammenlebens.

Sollten wir Bürger uns demgegenüber nur noch als Privatmenschen begegnen und sollten wir all unsere Aufmerksamkeit allein unseren privaten Angelegenheiten widmen, so ist es sehr schlecht um unsere Freiheitsordnung bestellt. Dann ist – wie Montesquieu festhält – zwar noch die Verfassung frei, aber die Bürger und die durch ihre Lebensweise geprägten Institutionen sind dies schon lange nicht mehr.

Politische Bildung als orientierendes Weltwissen muss daher immer zur Wachsamkeit anhalten. Desaströs wird es, wenn uns unsere gemeinsame Welt wegbricht, wenn wir uns als Weltwesen nicht mehr achten und wenn eine Politik verachtende Weltlosigkeit einzieht. Für Hannah Arendt ist dies der Nährboden des Totalitarismus.

Insofern sollten wir ganz selbst bewusst Politische Bildung groß schreiben, mit großen Buchstaben. Denn eine Politische Bildung als orientierendes Weltwissen hat das Politische in seiner Eigenart im Blick (Breier 2003). Und in diesem Sinne sind wir Politischen Bildner etwas ganz Besonderes. Unsere Aufgabe ist es, den politischen Ideen ihre Stimme zu geben, ja vermutlich zurückzugeben. Nur so können wir den Jugendlichen, den Bürgern von morgen, bei der Einbürgerung in unsere Republik behilflich sein. Politisches Bilden ist daher immer ein Bilden zum Politischen.

Literatur

Arendt, Hannah 1981[2]: Vita activa oder Vom tätigen Leben, München

Arendt, Hannah 1993: Was ist Politik? Fragmente aus dem Nachlaß, hrsg. von Ursula Ludz, München

Arendt, Hannah 1994: Freiheit und Politik, in: dies.: Zwischen Vergangenheit und Zukunft. Übungen im politischen Denken I, hrsg. von Ursula Ludz, München, S. 201

Aristoteles 1985[4]: Nikomachische Ethik, auf d. Grundl. d. Übers. von Eugen Rolfes, hrsg. von Günther Bien, Hamburg

Baruzzi, Arno 1985: Alternative Lebensform?, Freiburg/München

Berg-Schlosser, Dirk / Stammen, Theo 2003[7]: Einführung in die Politikwissenschaft, München

Breier, Karl-Heinz 1997: Bürgersinn und Ordnungsrahmen. Überlegungen zur individual-ethischen Verankerung von Ordnungsethik, in: Kruber, K.-P. (Hrsg.): Konzeptionelle Ansätze ökonomischer Bildung, Bergisch Gladbach, S. 161 ff.

Breier, Karl-Heinz 2003: Leitbilder der Freiheit. Politische Bildung als Bürgerbildung, Schwalbach/Ts.

Gebhardt, Jürgen 1976: Die Krise des Amerikanismus. Revolutionäre Ordnung und gesellschaftliches Selbstverständnis in der amerikanischen Republik, Stuttgart

Habermas, Jürgen 1983: Rekonstruktive vs. verstehende Sozialwissenschaften, in: ders.: Moralbewußtsein und kommunikatives Handeln, Frankfurt/M., S. 38 ff.

Heitmeyer, Wilhelm 1997: Was hält die Gesellschaft zusammen? Bundesrepublik Deutschland: Auf dem Weg von der Konsens- zur Konfliktgesellschaft, Bd. 2, Frankfurt/M.

Jaspers, Karl 1961: Die Idee der Universität, Berlin/Göttingen/Heidelberg

Jaspers, Karl 1988: Wohin treibt die Bundesrepublik?, 10. Aufl. München

Meier, Christian 1989[2]: Die Entstehung des Politischen bei den Griechen, Frankfurt/M.

Montesquieu 1992[2]: Vom Geist der Gesetze, übers. u. hrsg. von Ernst Forsthoff, Tübingen

Platon 1973: Des Sokrates Verteidigung, in: Werke in acht Bänden, hrsg. von Gunther Eigler, Bd. 2, Darmstadt

Riedel, Manfred 1984: Auf der Suche nach dem Bürgerbund. Die Idee des Politischen und die Sache der europäischen Demokratie, in: Schmidhuber, P. (Hrsg.): Orientierungen für die Politik?, München, S. 83 ff.

Riehl-Heyse, Herbert 1999: „Wir werden durch diese Politik zu schlechteren Menschen." Wilhelm Hennis über das „System Kohl", in: Süddeutsche Zeitung vom 18./19. Dez. 1999, S. 13

Snell, Bruno 1986[6]: Die Entdeckung des Geistes. Studien zur Entstehung des europäischen Denkens bei den Griechen, Göttingen

Voegelin, Eric 1991[4]: Die Neue Wissenschaft der Politik. Eine Einführung, Freiburg/München

Vollrath, Ernst 1977: Die Staatsformenlehre Montesquieus, in: Haungs, P. (Hrsg.): Res Publica. Studien zum Verfassungswesen, Dolf Sternberger zum 70. Geburtstag, München, S. 392 ff.

Vollrath, Ernst 1987: Politische Philosophie – gibt es das überhaupt (noch)?, in: Zeitschrift für Politik, 34/1987, H. 3, S. 221 ff.

Vollrath, Ernst 2003: Was ist das Politische? Eine Theorie des Politischen und seiner Wahrnehmung, Würzburg

Transnationale politische Urteilsbildung

Ingo Juchler

1. Einführung

Über die Positionierung bei außenpolitischen Fragen lassen sich heutzutage Wahlen gewinnen. Die letzte Bundestagswahl vor nunmehr knapp zwei Jahren oder die jüngsten Wahlen zum spanischen Parlament legen davon ein beredtes Zeugnis ab. Dieser Umstand verweist letztlich auf eine geänderte weltgeschichtliche Situation, welche gleichfalls Auswirkungen auf den Politikunterricht hat oder wenigstens haben sollte.

So muss die Klärung der didaktischen Fragen, *was* die Schülerinnen und Schüler im Politikunterricht *warum* und *wozu* lernen sollen, stets neu vorgenommen werden. Theodor Wilhelm stellte bereits 1957 für die Auswahl der Inhalte der politischen Bildung in der Volksschule fest, dass „aller Stoff" zeitgebunden ist. Ihre Erziehungs- und Bildungsbedeutung erhalten die Inhalte erst aus der „konkreten geschichtlichen Situation" (Wilhelm 1957: 37). In ähnlicher Weise kam Wolfgang Hilligen knapp drei Jahrzehnte später zu dem Schluss: „Welche Grundvorstellungen und Zielentscheidungen sich rechtfertigen lassen, ist immer auch im Zusammenhang zu sehen mit den Herausforderungen der geschichtlichen Situation, in der wir leben: Die Fragen nach dem *Was*, *Warum* und *Wozu* lassen sich unterscheiden, aber nicht trennen" (Hilligen 1985: 22; Hervorhebungen im Original).

Sucht man nach einer begrifflichen Charakterisierung für die politische Situation unserer Zeit, so sieht man sich an der Schwelle zum 21. Jahrhundert auf das Wort von Jürgen Habermas von der „neuen Unübersichtlichkeit" verwiesen (vgl. Habermas 1996: 143). Die bedeutsamste und für die Zukunft folgenreichste politische Zäsur bildete der Zusammenbruch der kommunistischen Regime in der Sowjetunion und in den osteuropäischen Staaten 1989/90. Dieser Epochenumbruch veränderte zum einen nachhaltig das internationale Staatensystem. Zum anderen erforderte und erfordert die dadurch ermöglichte Wiedervereinigung mit der Erlangung der vollen nationalen Souveränität für die Bundesrepublik Deutschland auch eine veränderte Außenpolitik (vgl. Maull 1992: 269 ff.; Hellmann 1996: 21 ff.; Bierling 1999: 307 ff.). Für den Bereich der internationalen Beziehungen nach dem Ende des Ost-West-Konflikts übernahm deshalb Paul Ackermann das Habermas'sche Diktum von der „neuen Unübersichtlichkeit".

Ackermann schrieb dem Politikunterricht die Aufgabe zu, Wissen zur Orientierung in dieser veränderten Welt zu vermitteln (vgl. Ackermann 1996: 148). Gotthard Breit konstatierte im Zusammenhang mit den Auswirkungen der weltpolitischen Veränderungen für den Politikunterricht, dass angesichts der „gegenwärtigen Orientierungsschwierigkeiten auf dem Gebiet der Außenpolitik" die „Grundlagen für die Beschäftigung mit außenpolitischen Fragen neu zu erarbeiten" seien. „Geschieht dies nicht", so Breit, „dann kann es passieren, dass Politikwissenschaftler ihr Wissen auf dem Gebiet der Internationalen Beziehungen immer weiter verfeinern, das Denken der Öffentlichkeit aber bis hin zum Politikunterricht in den Schulen von Vorstellungen einer Außenpolitik vergangener Zeiten bestimmt wird" (Breit 1993: 208 f.).

Vor dem Hintergrund, dass die Politik den „Kern der politischen Bildung" ausmacht und deshalb die Politikwissenschaft die maßgebliche Bezugsdisziplin der Politikdidaktik bildet (vgl. Weißeno 1995: 31; Massing 2002: 37 f.), bietet sich jene als fachwissenschaftliches Fundamentum für die Bewältigung dieser Aufgabe an. Einen besonderen Beitrag zur Orientierung vermag hier die politikwissenschaftliche Teildisziplin der politischen Philosophie zu leisten. Die Politikdidaktik als Wissenschaftsdisziplin hat eine ihrer epistemologischen Wurzeln - wie auch die Politikwissenschaft - in der praktischen (politischen) Philosophie. Insofern kann durchaus von der politischen Philosophie als einer „Grundwissenschaft" mit Orientierungsfunktion für die politische Bildung respektive der Politikdidaktik gesprochen werden (vgl. Weinacht 1999: 77).

Der zur Orientierung gereichende Gehalt der politischen Philosophie für die Politikdidaktik ist insbesondere im Normativismus derselben auszumachen. Eine Hinwendung zu einem „neuen Normativismus" ist im Übrigen auch in der heutigen politischen Theorie festzustellen. In der politischen Theorie erlebt das „neonormativistische Denken", so Walter Reese-Schäfer, derzeit einen so eindrucksvollen Aufschwung, „weil das Bewusstsein für die überwältigende Kontingenz auch unserer grundsätzlichsten Entscheidungen alltägliche Erfahrung geworden ist". Die Ursachen hierfür sieht Reese-Schäfer in der aus dem Zusammenbruch der kommunistischen Regime resultierenden raschen „Aufeinanderfolge von außenpolitischen Innovationen in Form einer beschleunigten europäischen Integration, der Ausdehnung von EU und NATO sowie von NATO-Einsätzen außerhalb des herkömmlichen Einzugsgebietes" (Reese-Schäfer 2000: 4). Zu ergänzen wäre diese Reihe außenpolitischer Neuerungen um den Angriff einer von den Vereinigten Staaten geführten *coalition of the willing* gegen den Irak im März 2003 ohne völkerrechtliche Mandatierung durch die Vereinten Nationen. Die politischen Folgen des Irak-Krieges für die internationale Ordnung und das Völkerrecht sind derzeit noch nicht abzusehen. Eine weitere Neuerung stellt schließlich die von den Vereinten Nationen mandatierte Intervention europäischer

Streitkräfte in die Demokratische Republik Kongo im Juni 2003 im Rahmen der Gemeinsamen Außen- und Sicherheitspolitik der Europäischen Union dar. Diese außenpolitischen Neuerungen seit dem Ende des Ost-West-Konflikts werfen für die Politikdidaktik normative Orientierungsfragen auf. Den didaktischen Fluchtpunkt dieses Beitrags bildet vor diesem Hintergrund die nähere Bestimmung der politischen Urteilskraft als zentrale, im Politikunterricht zu vermittelnde politische Kompetenz der Schülerinnen und Schüler. Nun kann die Thematik politische Urteilsbildung bereits eine lange Tradition politikdidaktischer Überlegungen aufweisen. Hierauf möchte ich in einem ersten Schritt näher eingehen. Daran anschließend wird es darum gehen, eine normative Grundlegung politischer Urteilskraft zu skizzieren, welche sich auf Theoreme der politischen Philosophie John Rawls', Immanuel Kants sowie Hannah Arendts stützt und diese für die normative politische Bildung zu rekonstruieren sucht. Schließlich möchte ich abschließend auf die Bedeutung der transnationalen Dimension politischen Urteilens zu sprechen kommen.

2. Urteilsbildung und politische Rationalität

Seinen bildungstheoretischen Ausgang nimmt dieses Anliegen von Immanuel Kants Ausführungen über den Zusammenhang von Aufklärung und Mündigkeit. Kant hat in seiner Schrift *Beantwortung der Frage: Was ist Aufklärung?* eine programmatische Vorlage für die weitere Beschäftigung mit Mündigkeit und politischer Urteilsbildung erstellt, indem er postuliert: „Aufklärung ist der Ausgang des Menschen aus seiner selbst verschuldeten Unmündigkeit. Unmündigkeit ist das Unvermögen, sich seines Verstandes ohne Leitung eines anderen zu bedienen" (Kant 1991: 53). Die anthropologisch-pädagogischen Voraussetzungen zur Umsetzung dieses Postulats wurden von der bürgerlichen Pädagogik zu Beginn des 19. Jahrhunderts formuliert, indem Johann Friedrich Herbart und Friedrich Schleiermacher von der prinzipiellen Bildsamkeit jedes Menschen ausgingen.

Von besonderer Relevanz für den pädagogischen Diskurs wird Mündigkeit allerdings erst im 19. Jahrhundert im Zusammenhang mit dem Vormärz und der Revolution von 1848/49. Adolph Diesterweg knüpfte in seinem *Wegweiser zur Bildung für deutsche Lehrer* (1834) an die Tradition der Aufklärungsphilosophie an und erklärte in seiner Vorrede: „Als das Ziel der Entwicklung der Unmündigen durch Unterricht und Erziehung betrachte ich Mündigkeit, welche sich durch die Fähigkeit, sich selbst zu regieren und zu bestimmen, kundtut" (zitiert nach Rieger-Ladich 2002: 36). In der Folge der Niederschlagung der demokratischen Reformbestrebungen von 1848/49 erfuhr Mündigkeit erst wieder in den 1920er

Jahren durch Erich Weniger eine spezifisch pädagogisch-politische Konturierung. Den Bemühungen um eine vom Begriff der Mündigkeit geleiteten Pädagogik in der ersten parlamentarischen Demokratie in Deutschland wurde allerdings durch die Machtübernahme der Nationalsozialisten ein jähes Ende gesetzt.

Nach dem faschistischen Totalitarismus gerieten Mündigkeit und politische Urteilsfähigkeit zum übergreifenden Ziel politischer Bildungsbemühungen in der Bundesrepublik. Auch heute noch stellt die politische Urteilsbildung nach übereinstimmender Auffassung von Politik und Wissenschaft die zentrale Aufgabe der politischen Bildung dar (vgl. Darmstädter Appell 1996; Massing/Weißeno 1997; Pohl 2004). Die hierzu bislang von der politischen Pädagogik und der Politikdidaktik vorgelegten Konzeptionen erweisen sich vor den Ansprüchen eines normativen politikdidaktischen Ansatzes jedoch als defizitär. So greift Rudolf Engelhardt in seiner kurzen Abhandlung *Urteilsbildung im politischen Unterricht* (1968) die politikdidaktische Thematik der politischen Urteilsbildung auf. Er benennt als Qualitätsmerkmal eines politischen Urteils, dass dieses sich vor der *Ratio* ausweisen und damit argumentierbar sein müsse (vgl. Engelhardt 1968: 42). Bernhard Sutor erweitert in seiner *Didaktik des politischen Unterrichts* (1971) dieses Qualitätskriterium um die moralische Komponente. In der „*gewissenhaften politischen Urteilsbildung*" würden die rationale und die moralische Seite der Aufgabe politischer Bildung zusammengeschlossen. Die auf solche Weise qualifizierte Urteilsbildung stelle das „*eigentliche, alle Teilziele umfassende Ziel politischer Bildung*" dar (Sutor 1971: 271; Hervorhebungen im Original).

Die binäre Strukturierung der normativen Anforderung an die Qualität eines politischen Urteils durch Bernhard Sutor hielt sich – wenn auch in gewandelter Form – bis in heutige Überlegungen zur politischen Urteilsbildung. Statt der von Sutor vorgenommenen Unterscheidung zwischen rationaler und moralischer Seite des Urteils betonen Dieter Grosser, Manfred Hättich, Heinrich Oberreuter und Bernhard Sutor in ihrer Arbeit *Politische Bildung* (1976), dass es das allgemeine Ziel der politischen Bildung sei, „den Menschen zur Rationalität des Urteilens über soziale und politische Sachverhalte zu befähigen". Rationalität wird von den Autoren gleichwohl wiederum differenziert in die auf Max Weber zurückgehende Typisierung von Zweckrationalität und Wertrationalität: „Zum einen bewegen sich Urteile in einer Zweck-Mittel-Relation. Sie machen Aussagen über die Richtigkeit oder Angemessenheit von Zwecken oder Zielen oder (und) über Mittel oder Methoden zu deren Realisierung. (...) Zum anderen sind Urteile in ihrer Struktur wertorientiert. Sie messen Sachverhalte nicht so sehr an beschreibbaren konkreten Zielen, sondern unmittelbar an akzeptierten Werten oder an Wertvorstellungen" (Grosser/Hättich/Oberreuter/Sutor 1976: 25-31).

In der vorgängigen Betonung der Bedeutung von Rationalität als Ziel politischer Bildung kommt ein wissenschaftsgeschichtliches Moment der Politikdidaktik zum Ausdruck. Dieses Moment verweist auf den Entstehungskontext der Arbeiten von Sutor, Hättich u. a. im Zusammenhang mit den politikdidaktischen Auseinandersetzungen in den 1970er Jahren im Anschluss an die Studentenbewegung. Die Didaktik der politischen Bildung war damals in die parteipolitische Polarisierung hineingezogen worden. Die vorgenannten Autoren sind dabei der konservativen Seite politischer Bildung zuzurechnen (vgl. Gagel 1994: 215). Sutor, Hättich u. a. suchten in diesen politikdidaktischen Diskussionen die Rationalität in Stellung zu bringen gegen die Emotionalität, Leidenschaft, Irrationalität und Gesinnungsethik, wie sie ihrer Auffassung nach in den politischen Auseinandersetzungen der 1970er Jahre allgegenwärtig waren (vgl. Sutor 1971: 268; Grosser/Hättich/Oberreuter/Sutor 1976: 29; Hättich 1977: 23). Diese Vertreter der Politikdidaktik nahmen damit ihre Akzentuierung der Rationalität aus einer ähnlichen Motivation heraus vor, die Max Weber zu seiner richtungsweisenden Auseinandersetzung mit Vertretern einer „Gesinnungsethik" im Jahre 1919 führte. Als Vertreter der Gesinnungsethik machte Weber in seiner vor studentischen Zuhörern in München gehaltenen Rede *Politik als Beruf* u. a. den politischen Pädagogen Friedrich Wilhelm Förster aus, der einen christlich motivierten Pazifismus vertreten hatte. Weber warnte die Münchner Studenten davor, sich von einer schwärmerischen und illusionären Hypertrophierung der Gesinnungsethik hinreißen zu lassen. Dagegen mahnte er die Ausrichtung des politischen Handelns an der Zweckrationalität an (vgl. Weber 1988).

Eingedenk dieses spezifischen Entstehungskontextes der Bestimmung politischer Urteilsfähigkeit an den von Weber vorgenommenen Überlegungen zu Zweck- und Wertrationalität sowie zu Verantwortungs- und Gesinnungsethik durch Vertreter der Politikdidaktik in den 1970er Jahren ist es einigermaßen verwunderlich, dass diese inhaltliche Bestimmung auch noch für politikdidaktische Konzeptionen politischer Urteilskraft in den 1990er Jahren den einzigen ideengeschichtlichen Referenzpunkt darstellt. So greifen Paul Ackermann u. a. Mitte der 1990er Jahre in ihrer von der Bundeszentrale für politische Bildung herausgegebenen Schrift *Politikdidaktik kurzgefasst* die Frage nach der politischen Urteilsbildung erneut auf. Die Autoren verweisen dabei wiederum auf die bekannte Differenzierung von Zweck- und Wertrationalität (Ackermann u. a. 1994: 83-87). In der Folgezeit griff Peter Massing bei seinen Überlegungen bezüglich der Frage politischer Urteilsbildung gleichfalls auf die Differenzierung zwischen Zweck- und Wertrationalität zurück, welche sich in den Kategorien Effizienz und Legitimität bündeln ließen (vgl. Massing 2003).

Die dargelegten politikdidaktischen Ansätze zur politischen Urteilsbildung im Unterricht stellen mithin insbesondere auf die Vermittlung des Urteilsmaßstabes „politisch-gesellschaftliche Rationalität" ab, welche nach der Bestimmung von Max Weber in Zweck- und Wertrationalität zu unterscheiden ist. Letztgenannte enthalten die beiden politikdidaktischen Kategorien Effizienz und Legitimität. Entsprechend der jeweils individuellen Gewichtung der Kategorien lassen sich auf diese Weise verschiedene politische Urteile über einen politischen Gegenstand fällen.

Bei diesem Verfahren bleiben die von den Individuen getroffenen politischen Urteile allerdings wie Monaden unvermittelt nebeneinander stehen. Je nach eingenommener Perspektive kommt es zu einem von den anderen verschiedenen politischen Urteil, und die vorgenommenen Urteile sind möglicherweise auch in sich stimmig. Entscheidend für ein politisches Urteil sollte jedoch sein, dass es auf das politische Gemeinwesen gerichtet ist. Dieses Gemeinwesen zeichnet sich in der Demokratie insbesondere durch das Vorhandensein einer Pluralität von Meinungen aus, die im Prozess der politischen Öffentlichkeit aufeinander treffen und verhandelt werden. Der gesellschaftliche Pluralismus divergierender politischer Interessen und Wertvorstellungen bildet sowohl die Grundlage wie die Herausforderung an eine politische Urteilskraft. Auf welche Weise die in einem pluralistischen Gemeinwesen auftretenden verschiedenen politischen Urteile qualifiziert sein sollen, welches die maßgeblichen Komponenten für die Synthese eines politischen Urteils ausmachen, wird in den oben vorgestellten politikdidaktischen Konzeptionen allerdings nicht dargelegt.

Für die Politikdidaktik stellt sich vor diesem Hintergrund die Aufgabe, politische Urteilsfähigkeit mit der normativen Bestimmung zu konzeptualisieren, dass das politische Urteil eines Individuums in einem pluralistischen Gemeinwesen allen anderen Mitgliedern dieses Gemeinwesens angesonnen werden kann und damit prinzipiell zustimmungsfähig ist. Die solchermaßen qualifizierte politische Urteilsfähigkeit würde sich durch ihre spezifische Gerichtetheit auf das Politische auszeichnen und der Pluralität der in der politischen Öffentlichkeit aufeinander treffenden Meinungen gerecht werden. Den Schülerinnen und Schülern ermöglichte dieses im Politikunterricht vermittelte Urteilsvermögen als spätere Bürgerinnen und Bürgern die verständigungsorientierte Teilhabe am Prozess der politischen Öffentlichkeit. Für die Konzeptualisierung der mit dem vorgenannten Geltungsanspruch versehenen Fähigkeit zur politischen Urteilsbildung vermag die politische Philosophie der Politikdidaktik eine normative Orientierung zu geben. Sie stellt eine der politikdidaktischen Bezugswissenschaften dar, mit deren Hilfe das „Wissen über die politische Urteilsbildung" vertieft werden kann (vgl. Breit/Weißeno 1997: 300).

3. Das Rationale und das Vernünftige

Als Ausgangspunkt für die hier anzustellenden normativen politikdidaktischen Überlegungen bezüglich politischer Urteilsfähigkeit sollen die bei den bisherigen Konzeptionen politischer Rationalität ausgemachten Unzulänglichkeiten dienen. Danach muss eine normative Bestimmung politischer Urteilskraft das letztlich durch zweckrationales Denken gekennzeichnete Urteilen überwinden und dem Geltungsanspruch gerecht werden, wonach das politische Urteil eines Individuums von allen Mitgliedern des pluralistischen Gemeinwesens als grundsätzlich anerkennungswürdig erachtet werden kann. Zweck- und Wertrationalität lassen sich mithin nicht einfach je nach den subjektiven Vorlieben eines Individuums willkürlich zu einem politischen Urteil verrechnen. Vielmehr sollen in dieses neben dem kalkulierenden Eigeninteresse des Individuums auch die möglichen Interessen anderer sowie ein dem pluralistischen Gemeinwesen adäquater Wertgehalt einbezogen werden.

Einen richtungsweisenden Ansatz für dieses Unterfangen kann John Rawls' „bahnbrechende Unterscheidung" (vgl. Ferrara 2002: 943) zwischen dem Vernünftigen und dem Rationalen bieten. Rawls konstatiert in *Politischer Liberalismus*, dass das Vernünftige ein „Element der Idee der Gesellschaft als eines Systems fairer Kooperation" sei, „und dass deren faire Bedingungen von allen vernünftigerweise akzeptiert werden können, gehört zur Idee der Reziprozität". Das Rationale dagegen sei eine von der Idee des Vernünftigen verschiedene Idee und beziehe sich auf „einzelne, einheitliche Akteure (entweder Individuen oder Körperschaften), die in der Lage sind, zu urteilen und zu überlegen, welches ihre ureigensten Zwecke und Interessen sind" (Rawls 2003: 122 f.). „Die Urteile", so Rawls im Weiteren, „die wir als Vernünftige treffen, unterscheiden sich von denen, die wir als Rationale treffen. Insofern wir rational sind, wägen wir unsere verschiedenen Ziele gegeneinander ab und bestimmen ihren angemessenen Platz in unserer Art zu leben (...). Als Vernünftige müssen wir demgegenüber die Stärke der Ansprüche von Menschen beurteilen, und zwar nicht nur gegenüber unseren Ansprüchen, sondern auch untereinander und gegenüber unseren vertrauten Handlungsweisen und Institutionen" (Rawls 2003: 129).

Darüber hinaus stellt in einer modernen demokratischen Gesellschaft das Faktum des Pluralismus und damit die Verschiedenheit und Vielfalt allgemeiner umfassender Lehren ein dauerhaftes Merkmal der politischen Kultur dar (vgl. Rawls 1994: 298). Im Hinblick auf die Wertvorstellungen wird sich in dem rationalen Urteil des Individuums folglich stets auch dessen persönliche Konzeption des Guten widerspiegeln. Diese je persönlichen Konzeptionen der Individuen stehen oftmals in einem konträren Verhältnis zueinander und sind nicht miteinander vereinbar. Vor diesem Hintergrund kann sich eine normative politikdidaktische Konzeption politischer Urteilsbildung nicht auf die Benennung von Wertrationalität als einer Ingredienz des politischen Urteils beschränken. Die Frage nach der Möglichkeit der Vermittelbarkeit der verschiedenen rationalen Urteile mit ihren zum Teil nicht miteinander vereinbaren Wertvorstellungen der vielfältigen religiösen, philosophischen und moralischen Lehren im Prozess der politischen Öffentlichkeit mit dem Ziel einer Verständigung bleibt damit unbeantwortet.

Einen Ausweg bietet hier wiederum die Rawls'sche Unterscheidung zwischen dem Rationalen und dem Vernünftigen. Während die Individuen bei ihren rationalen Urteilen ihre Eigeninteressen und je persönlichen Wertvorstellungen ins Kalkül ziehen, sollten sie bei vernünftigen Urteilen die Interessen anderer berücksichtigen und lediglich die Werte des Politischen gelten lassen. Nach Rawls' Überlegungen umfassen die Werte des Bereichs des Politischen diejenigen der „gleichen politischen und bürgerlichen Freiheiten und der Chancengleichheit, die Werte der sozialen Gleichheit und wirtschaftlichen Gegenseitigkeit" (Rawls 2003: 326). Diese Werte des Bereichs des Politischen werden im demokratischen Rechtsstaat in der Verfassung repräsentiert. Rawls kommt deshalb zu dem Schluss: „Die Forderung des öffentlichen Vernunftgebrauchs liegt darin, dass Bürger in der Lage sein sollen, unter vernünftiger Abwägung öffentlicher politischer Werte zu begründen, wofür sie in grundlegenden Angelegenheiten stimmen, wobei alle Beteiligten natürlich davon ausgehen, dass diese Werte in einer Pluralität vernünftiger Lehren, wie sie von Bürgern vertreten werden, eine tiefergehende und häufig transzendente Grundlage finden" (Rawls 2003: 348).

Hinsichtlich der hier in Frage stehenden politikdidaktischen Konzeptualisierung politischer Urteilskraft kann somit auf dem Hintergrund der Rawls'schen Unterscheidung des Rationalen und des Vernünftigen als Zwischenergebnis festgehalten werden: Während sich ein *rationales* Urteil durch seine Gerichtetheit auf das kalkulierende Eigeninteresse auf der Grundlage persönlicher Wertvorstellungen des Individuums ausweist, qualifiziert sich ein *vernünftiges* Urteil durch seine Berücksichtigung der Interessen anderer Individuen sowie allgemein anerkannter politischer Werte. Für ein normatives Konzept politischer Urteilskraft bleibt nun allerdings noch zu klären, auf welchem methodischen Weg die Einbeziehung der politischen Interessen anderer Individuen für das je eigene politische Urteil erreicht werden kann. Ein wegweisender Ansatz hierfür geht von Immanuel Kants *Kritik der Urteilskraft* aus.

4. Die erweiterte Denkungsart

In dem für die politische Urteilskraft relevanten § 40 der *Kritik der Urteilskraft* legt Immanuel Kant dar, dass man unter dem „sensus communis" die „Idee eines gemeinschaftlichen Sinnes, d. i. eines Beurteilungsvermögens verstehen" müsse, „welches in seiner Reflexion auf die Vorstellungsart jedes andern in Gedanken (a priori) Rücksicht nimmt, um gleichsam an die gesamte Menschenvernunft sein Urteil zu halten, und dadurch der Illusion zu entgehen, die aus subjektiven Privatbedingungen, *welche* leicht für objektiv gehalten werden könnten, auf das Urteil nachteiligen Einfluß haben würde" (Kant 2000: 225; Hervorhebung, Orthographie und Interpunktion hier wie im Folgenden im Original). Voraussetzung für die Bildung eines Urteils durch ein Individuum stellt nach Kant mithin das Vorhandensein einer Pluralität von Urteilen anderer Individuen dar, die öffentlich zugänglich sein müssen. Auf dieser Grundlage ermöglicht das In-Bezug-Setzen des eigenen Urteils mit demjenigen anderer ein Absehen von den jeweiligen partikularen Interessen des Individuums und den Einbezug derjenigen Interessen, die dem politischen Gemeinwesen förderlich sind und nicht unbedingt mit den Privatinteressen konvergieren.

Der Weg, auf welchem diese Urteilsbildung vonstatten gehen soll, wird von Kant wie folgt beschrieben: „Dies geschieht nun dadurch, daß man sein Urteil an anderer, nicht sowohl wirkliche, als vielmehr bloß mögliche Urteile hält, und sich in die Stelle jedes andern versetzt, indem man bloß von den Beschränkungen, die unserer eigenen Beurteilung zufälliger Weise anhängen, abstrahiert (...)" (Kant 2000: 225). Die Bildung von Urteilskraft ist nach Kant folglich verbunden mit einem vorgestellten Dialog des Individuums. Dabei ist nicht Empathie als das gefühlsmäßige Hineinversetzen und Erfassen des Standpunktes des anderen gefordert. Vielmehr gilt es für das Individuum, sich die Perspektive des anderen bewusst zu machen, mit dem eigenen Standpunkt zu vergleichen beziehungsweise zu konfrontieren und schließlich in das eigene Urteil einzubeziehen.

Der Vorgang dieser geistigen Tätigkeit wird von Kant als „Operation der Reflexion" bezeichnet, welche von der Maxime der Urteilskraft, „an der Stelle jedes andern denken", bestimmt wird und auf diese Weise zu einer „erweiterten Denkungsart" gelangt (Kant 2000: 226-227). Hannah Arendt charakterisierte das von Kant definierte Vermögen der Urteilskraft - „an der Stelle jedes andern denken" - als „politische Fähigkeit par excellence" (vgl. Arendt: 1993: 98).

Für den Weg zur Urteilsbildung essentiell ist nach Kant die „Operation der Reflexion". In der Reflexion vermag das Individuum durch die Einbildungskraft das gegenwärtig zu machen, was abwesend ist. Einbildungskraft ist mithin das Vermögen der Repräsentation. Diese Fähigkeit erlaubt dem Zuschauer beim Urteilen die Abwägung möglicher Urteile von vorgestellten anderen und ermöglicht ihm durch diese „erweiterte Denkungsart" die politische Urteilsbildung. Hannah Arendt erachtete die durch die erweiterte Denkungsart qualifizierte Urteilskraft im Kontext ihrer Überlegungen zur politischen Öffentlichkeit als eine „im spezifischen Sinne politische Fähigkeit", als „Grundfähigkeit", die den Menschen erst ermögliche, sich im öffentlich-politischen Raum, in der gemeinsamen Welt zu orientieren (vgl. Arendt 1994: 299).

Die erweiterte Denkungsart ermöglicht in der politischen Öffentlichkeit eine intersubjektive Verständigung, welche sowohl die wohlverstandenen Eigeninteressen der Individuen als auch die der anderen berücksichtigt und in das politische Urteil integriert. Zwar kann in einem demokratischen Gemeinwesen den Bürgerinnen und Bürgern eine Gemeinwohlorientierung, so Jürgen Habermas, nicht zur Rechtspflicht gemacht, sondern nur angesonnen werden. Doch ist diese Gemeinwohlorientierung in einem gewissen Maße gleichwohl nötig, „weil die demokratische Gesetzgebung ihre legitimierende Kraft allein aus einem Prozess der *Verständigung* der Staatsbürger über die Regeln ihres Zusammenlebens ziehen kann". Die Bürgerinnen und Bürger dürften deshalb nicht in der „erfolgsorientierten Einstellung selbstinteressierter Marktteilnehmer" verharren, sondern müssten von ihren „politischen Freiheiten *auch*, im Sinne von Kants „öffentlichem Vernunftgebrauch", einen verständigungsorientierten Gebrauch" machen. Dieses „auch" lasse es mithin zu, dass die Gemeinwohlorientierung nur noch in kleiner Münze erhoben werden müsse (Habermas 1996: 311-312; Hervorhebungen im Original).

Die politische Urteilskraft, welche sich durch die erweiterte Denkungsart qualifiziert, stellt somit einen wesentlichen Faktor für den Fortbestand unseres demokratischen Gemeinwesens dar. Vor diesem Hintergrund muss die Methode des vergleichenden Abwägens zwischen dem eigenen interessengeleiteten Standpunkt und dem oder der Standpunkte anderer in der Reflexion des Individuums bei der begrifflichen Bestimmung politischer Urteilsbildung als essentielles Qualitätsmerkmal Berücksichtigung finden. Erst die erweiterte Denkungsart erlaubt dem Individuum die Bildung eines öffentlichen, den sensus communis ermöglichenden vernünftigen politischen Urteils. Wird der Standpunkt der anderen bei der eigenen Urteilsbildung nicht mit einbezogen, bleibt der gebildete eigene Standpunkt die Vertretung des rationalen Partikularinteresses. Dieser Standpunkt kann schlechterdings nicht als *politisches* Urteil bezeichnet werden. Allein der Prozess der Vermittlung des eigenen Standpunktes mit dem der anderen im vorgestellten oder wirklichen Dialog führt zur Bildung eines politischen Urteils, welches im öffentlich-politischen Raum als solches Gültigkeit beanspruchen kann.

Die politische Bildung ist folglich insofern für die Demokratie funktional, als sie durch das Nachgehen ihrer zentralen Aufgabe, also der Befähigung der

Schülerinnen und Schüler zu politischer Urteilsbildung, die Grundlage für die potentielle Teilhabe aller (späteren) Bürgerinnen und Bürger an der politischen Öffentlichkeit legt. Die Partizipation der Bürgerinnen und Bürger an der politischen Öffentlichkeit ist für das demokratische Gemeinwesen konstitutiv, wenn die Demokratie nicht zu einer formalen Herrschaftsform ohne normativen Gehalt verkommen soll.

Die Befähigung der Schülerinnen und Schüler zur politischen Urteilsbildung als demokratiefunktionale Aufgabe der politischen Bildung darf sich allerdings insbesondere angesichts der neuen außenpolitischen Rahmenbedingungen Deutschlands seit der Wiedervereinigung und dem Ende des Ost-West-Konflikts nicht auf die diversen Politikfelder der Innenpolitik beschränken, sondern muss auch die Außenpolitik mit einbeziehen. Hierauf soll im Folgenden abschließend näher eingegangen werden.

5. Außenpolitik und politische Urteilskraft

Dem Politikunterricht ist die Vermittlung derjenigen politischen Kenntnisse aufgegeben, welche den Schülerinnen und Schülern auch nach Beendigung ihrer Schullaufbahn die Teilhabe am Prozess in der politischen Öffentlichkeit in Europa sowie auf weltpolitischer Ebene ermöglichen. Für die politische Urteilsbildung im Bereich der auswärtigen Politik stellt die Kompetenz der erweiterten Denkungsart gleichfalls eine konstitutive Fähigkeit der Schülerinnen und Schüler dar.

Die Fähigkeit zur transnationalen politischen Urteilsbildung der Schülerinnen und Schüler erscheint insbesondere für den Schwerpunkt deutscher Außenpolitik – den Prozess der europäischen Integration – geboten. Der Weg zur europäischen Einheit, dessen politisches Qualitätskriterium die Entwicklung der Demokratie im europäischen Staatengebilde selbst wie in jedem seiner Mitgliedstaaten ausmacht, gestaltet sich als Vermittlung der politischen und kulturellen Vielgestaltigkeit der europäischen Staaten – als Einheit in der Vielfalt. Für die Fortentwicklung der Demokratie in der Europäischen Union ist die Herausbildung einer europäischen Öffentlichkeit vonnöten, deren Teilnehmerinnen und Teilnehmer sich durch das Vermögen politischer Urteilskraft auszeichnen.

Der demokratischen Staats- und Regierungsform des Nationalstaates vergleichbar, lebt auch das europäische Staatengebilde als ein demokratisches System sui generis von Voraussetzungen, welche dieses selbst nicht garantieren kann. Das europäische Staatengebilde setzt damit ein gewisses Maß an Einsicht seitens der Bürgerinnen und Bürger in die politischen Belange der Europäischen Union als Prämisse für deren gedeihlichen Fortbestand voraus. Darüber hinaus liegt die Vermittlung europapolitischer Kenntnisse im Politikunterricht vor dem Hintergrund ihrer „objektiven Betroffenheit" (vgl. Hilligen 1985: 34) durch den gegenwärtigen wie prospektiven Bedeutungszuwachs der Europäischen Union im wohlverstandenen Eigeninteresse der Schülerinnen und Schüler.

Die für die Einsicht in die politischen Belange der Europäischen Union und zur Teilhabe am Prozess der europäischen Öffentlichkeit notwendigen politischen Kenntnisse der Bürgerinnen und Bürger weisen notwendigerweise über diejenigen Kenntnisse hinaus, welche für deren politische Teilhabe im Nationalstaat erforderlich sind. Zu den nationalstaatlich bezogenen Kenntnissen des demokratischen Bürgers treten hier *komplementär* auf das politische Verständnis der Europäischen Union ausgerichtete Kenntnisse hinzu. Zur Veranschaulichung dieser Differenzierung kann die von Otfried Höffe vorgenommene Stufung des Bürgerstatus dienen. Höffe hat analog zu der von ihm vorgestellten gestuften Staatlichkeit im Zeitalter der Globalisierung – Einzelstaaten / Europäische Union / Weltstaatenbund – eine Stufung des Bürgerstatus – Deutscher / Europäer / Weltbürger – vorgenommen (vgl. Höffe 1999: 336 ff.). Entsprechend ist auch eine komplementäre Stufung der im Politikunterricht zu vermittelnden Kenntnissen vonnöten: Die auf die Demokratie im Nationalstaat bezogenen Kenntnisse bedürfen einer auf die europäische und auf die weltpolitische Stufe bezogenen Ergänzung. Erst die Einbeziehung dieser beiden die auswärtige Politik betreffenden Stufen ermöglicht den Schülerinnen und Schülern die prospektive Teilhabe nicht allein an der nationalstaatlich orientierten politischen Öffentlichkeit, sondern auch an der europäischen sowie an der Weltöffentlichkeit.

Die politische Öffentlichkeit erfordert die Fähigkeit der Bürgerinnen und Bürger zum verständigungsorientierten politischen Urteilen. Diese politische Urteilskraft zur interkulturellen politischen Verständigung setzt die erweiterte Denkungsart im Kant'schen Sinne als Vermögen der gegenseitigen Perspektivenübernahme und Einbeziehung anderer Urteile, mithin das vergleichende Abwägen der unterschiedlichen politischen Standpunkte, voraus. Im Bereich der internationalen Beziehungen ist das Absehen von den je eigenen rationalen Partikularinteressen und die vernünftige Überlegung, welches politische Urteil den Menschen anderer Länder vernünftigerweise angesonnen werden kann, auch für die Frage nach Krieg und Frieden von eminenter Bedeutung. John Rawls gelangt bei seinen Ausführungen zur Theorie des gerechten Krieges zu dem Schluss, dass kein Staat das Recht habe, „Krieg zur Verfolgung seiner *rationalen* im Unterschied zu seinen *vernünftigen* Interessen zu führen". Eine liberale Gesellschaft könne gerechterweise von ihren Bürgern nicht fordern, „für ökonomischen Wohlstand oder für die Erringung natürlicher Ressourcen zu kämpfen, und schon gar nicht für Macht oder ein Weltreich. (Wenn eine Gesellschaft diese Ziele verfolgt, so achtet sie nicht länger das Recht der Völker, und sie wird zu einem

Schurkenstaat)" (Rawls 2002: 115; Hervorhebungen und Parenthese im Original).

Die wachsende Interdependenz in der Staatenwelt erfordert für die politische Urteilsbildung heute einen Modus des Denkens, welcher den Standort von Bürgerinnen und Bürgern anderer Länder einbezieht. Entsprechend sollte sich gleichfalls die auf die europäische Öffentlichkeit oder auf die Weltöffentlichkeit bezogene politische Urteilskraft der Bürgerinnen und Bürger durch die abwägende Einbeziehung der jeweils anderen Perspektiven unter der Maßgabe politischer Werte qualifizieren. Dadurch kann ein verständigungsorientiertes politisches Urteilen bzw. Handeln gefördert werden. Dieses verständigungsorientierte politische Urteilen ist gerade angesichts der Anschläge vom 11. September 2001 und dessen Folgen angezeigt, soll das verheerende Szenario eines *clash of civilizations* (vgl. Huntington 1997) vermieden werden. Die gegenseitige Perspektivenübernahme und die hierauf gründende vernünftige politische Urteilsbildung kann hier als Möglichkeit erachtet werden, diese interkulturelle Verständigung zu fördern.

Literatur

Ackermann, Paul u. a. 1994: Politikdidaktik – kurzgefasst. Planungsfragen für den Politikunterricht, Bonn

Ackermann, Paul 1996: Politisches Lernen als unabgeschlossene Suchbewegung, in: Dorothea Weidinger (Hrsg.): Politische Bildung in der Bundesrepublik Deutschland. Zum dreißigjährigen Bestehen der Deutschen Vereinigung für politische Bildung, Opladen, S. 147-152

Arendt, Hannah 1994: Kultur und Politik, in: dies.: Zwischen Vergangenheit und Zukunft. Übungen im politischen Denken I. Herausgegeben von Ursula Ludz, München/Zürich, S. 277-302

Arendt, Hannah 1993: Was ist Politik? Fragmente aus dem Nachlass. Herausgegeben von Ursula Ludz, München/Zürich

Bierling, Stephan 1999: Die Außenpolitik der Bundesrepublik Deutschland. Normen, Akteure, Entscheidungen, München/Wien

Breit, Gotthard/Weißeno, Georg 1997: Offene Fragen, in: Peter Massing/Georg Weißeno (Hrsg.): Politische Urteilsbildung. Zentrale Aufgabe für den Politikunterricht, Schwalbach/Ts., S. 295-300

Breit, Gotthard 1993: Politikunterricht nach 1989 – alte und neue Aufgaben, in: Sozialwissenschaftliche Informationen, 22/1993, S. 206-212

Darmstädter Appell. Aufruf zur Reform der Politischen Bildung in der Schule 1996, in: Aus Politik und Zeitgeschichte, B 47/1996, S. 34-38

Engelhardt, Rudolf 1968: Urteilsbildung im politischen Unterricht. Einübung kontroversen Denkens als Aufgabe politischer Bildung, Essen

Ferrara, Alessandro 2002: Öffentliche Vernunft und Normativität des Vernünftigen, in: Deutsche Zeitschrift für Philosophie 50/2002, S. 925-943

Gagel, Walter 1994: Geschichte der politischen Bildung in der Bundesrepublik Deutschland 1945-1989, Opladen

Grosser, Dieter/Hättich, Manfred/Oberreuter, Heinrich/Sutor, Bernhard 1976: Politische Bildung. Grundlagen und Zielprojektionen für den Unterricht an Schulen, Stuttgart

Habermas, Jürgen 1996: Die Krise des Wohlfahrtsstaates und die Erschöpfung utopischer Energien, in: ders.: Die Neue Unübersichtlichkeit. Kleine Politische Schriften V, Frankfurt/M., S. 141-163

Habermas, Jürgen 1996: Replik auf Beiträge zu einem Symposion der Cardozo Law School, in: ders.: Die Einbeziehung des Anderen. Studien zur politischen Theorie, Frankfurt/M., S. 309-398

Hättich, Manfred 1977: Rationalität als Ziel politischer Bildung, München

Hellmann, Gunther 1996: Goodbye Bismarck? The Foreign Policy of Contemporary Germany, in: Mershon International Studies Review, 40/1996, S. 1-39

Hilligen, Wolfgang 1985[4]: Zur Didaktik des politischen Unterrichts. Wissenschaftliche Voraussetzungen – Didaktische Konzeptionen – Unterrichtspraktische Vorschläge, Opladen

Höffe, Otfried 1999: Demokratie im Zeitalter der Globalisierung, München

Huntington, Samuel 1997[4]: Der Kampf der Kulturen. Die Neugestaltung der Weltpolitik im 21. Jahrhundert, München

Kant, Immanuel 1991[9] ‚Beantwortung der Frage: Was ist Aufklärung?‚, in: ders.: Werkausgabe, Bd. XI: Schriften zur Anthropologie, Geschichtsphilosophie, Politik und Pädagogik 1. Herausgegeben von Wilhelm Weischedel, Frankfurt/M., S. 53-61

Kant, Immanuel 2000[15]: Kritik der Urteilskraft. Werkausgabe, Bd. X. Herausgegeben von Wilhelm Weischedel, Frankfurt/M.

Massing, Peter/Weißeno, Georg (Hrsg.) 1997: Politische Urteilsbildung. Zentrale Aufgabe für den Politikunterricht, Schwalbach/Ts.

Massing, Peter 2003: Kategoriale politische Urteilsbildung, in: Hans-Werner Kuhn: Urteilsbildung im Politikunterricht. Ein multimediales Projekt, Schwalbach/Ts., S. 91-108

Massing, Peter 2002: Politikdidaktik als Wissenschaft?, in: GPJE (Hrsg.): Politische Bildung als Wissenschaft. Bilanz und Perspektiven, Schwalbach/Ts., S. 32-44

Maull, Hanns W. 1992: Zivilmacht Bundesrepublik Deutschland. Vierzehn Thesen für eine neue Außenpolitik, in: Europa-Archiv, Folge 10, S. 269-278

Pohl, Kerstin (Hrsg.) 2004: Positionen zur politischen Bildung 1. Ein Interviewbuch zur Politikdidaktik, Schwalbach/Ts.

Rawls, John 2002: Das Recht der Völker, Berlin/New York

Rawls, John 1994: Der Gedanke des übergreifenden Konsenses, in: ders.: Die Idee des politischen Liberalismus. Aufsätze 1978-1989. Herausgegeben von Wilfried Hinsch, Frankfurt/M., S. 293-332

Rawls, John 2003: Politischer Liberalismus, Frankfurt/M.

Reese-Schäfer, Walter 2000: Politische Theorie heute. Neuere Tendenzen und Entwicklungen, München/Wien

Rieger-Ladich, Markus 2002: Mündigkeit als Pathosformel. Beobachtungen zur pädagogischen Semantik, Konstanz

Sutor, Bernhard 1971: Didaktik des politischen Unterrichts. Eine Theorie der politischen Bildung, Paderborn

Weber, Max 1988[5]: Politik als Beruf, in: ders.: Gesammelte Politische Schriften, herausgegeben von Johannes Winckelmann, Tübingen, S. 505-560

Weinacht, Paul-Ludwig 1999: Wissenschaftstheoretische Basiskonzepte und Wissenschaftsbezug, in: Wolfgang W. Mickel (Hrsg.): Handbuch zur politischen Bildung, Schwalbach/Ts., S. 73-79

Weißeno, Georg 1995: Welche Wege zum Politischen werden Referendaren in der Ausbildung vermittelt? Ergebnisse einer Befragung von Fachleitern, in: Peter Massing/ders. (Hrsg.): Politik als Kern der politischen Bildung. Wege zur Überwindung unpolitischen Politikunterrichts, Opladen, S. 27-60

Wilhelm, Theodor 1957: Das Stoffgebiet der politischen Bildung in der Volksschule. Auswahl und Schwerpunkte in: Bundeszentrale für Heimatdienst (Hrsg.): Die Praxis der politischen Bildung in der Volksschule, Bonn, S. 36-54

**Demokratie lernen und leben – Mediation und Partizipation:
Das Programm der Bund-Länder-Kommission in Hessen[1]**

Helmolt Rademacher

1. Das Programm der Bund-Länder-Kommission

Die Bund-Länder-Kommission für Bildungsplanung und Forschungsförderung (BLK) hat ein Modellprogramm unter dem Titel *„Demokratie lernen und leben"* für den Zeitraum April 2002 bis März 2007 aufgelegt. Das Programm will Entwicklungen von Gewalt, Rechtsextremismus, Rassismus und Fremdenfeindlichkeit in Schulen entgegenwirken, so wie sie in der Vergangenheit und Gegenwart immer wieder virulent waren bzw. sind. Ein weiterer Grund für das Vorhaben ist die zu beobachtende Politikverdrossenheit junger Menschen. Weitere Informationen sind in der Expertise von Prof. Wolfgang Edelstein (Max-Plank-Institut für Bildungsforschung) und Prof. Peter Fauser (Universität Jena) dargelegt (vgl. Edelstein/Fauser Bonn: 2001). Die Zielsetzung des Programms definiert sich wie folgt: Das vorgeschlagene Modellprogramm

> „dient der *Entwicklung einer demokratieförderlichen Schule* (Hervorhebung H.R.), d.h. einer Schule, die Schülern und Schülerinnen grundlegende und konstruktive Erfahrungen demokratischer Prozesse, Normen und Institutionen vermittelt und sie auf Handeln in einer demokratischen Zivilgesellschaft einstimmt. Dafür muss die Schule selbst eine diesen Normen entsprechende Praxis entfalten, Anerkennung gewähren, Fairness demonstrieren und fordern, selbstwirksames Handeln ermöglichen und fördern ..... Dazu gehört nicht nur eine aufgeklärte Gesinnung, sondern eine Professionalität, die anderen und weiteren Standards genügt als bloß fachlichen" (Edelstein/Fauser 2001: 57).

Zur Zielerreichung wird ein Ziel fokussiertes Schulentwicklungsprogramm vorgeschlagen, das jeder Schule die Autonomie der jeweils eigenen Entwicklung gewährt. Um diesem Anspruch gerecht zu werden, setzt das BLK-Programm auf vier unterschiedlichen Ebenen an: 1. der Veränderung von Unterricht, 2. dem Gestaltungslernen in Projekten, 3. der Demokratisierung des Schullebens und 4. der demokratischen Mitgestaltung der Schulumwelt

---

[1] Unter Hinzuziehung einer Kurzfassung der Programmbeschreibung von Angelika Fabricius (stellv. Projektleiterin).

- Auf der *ersten Ebene* geht es darum, Unterricht im Sinne von Partizipation (z.B. durch kooperatives Lernen) neu zu gestalten, um damit die Potentiale der Schüler stärker zu aktivieren.
- Die *zweite Ebene* zielt auf schulinterne Projekte, die demokratisches Handeln befördern.
- Auf der *dritten Ebene* geht es um die Demokratisierung des Schullebens. Diese umfasst eine stärkere Beteiligung von Schülern und Eltern, aber auch eine intensivere Partizipation von Lehrkräften an der gesamten Gestaltung der Schule. In diesen Bereich fällt auch die konstruktive Konfliktbearbeitung, die ein hohes Maß an Beteiligung voraussetzt. Erst wenn die Beteiligten die Konfliktbearbeitung in einem konstruktiven Sinne als einen wichtigen Teil „zu ihrer eigenen Sache" machen, wird Demokratie in einer Schule lebendig.
- Darüber hinaus umfasst die *vierte Ebene* die demokratische, partizipative Mitgestaltung der Schulumwelt. Diese kann z.B. die Beteiligung an einem lokalen Radio sein oder die Einflussnahme auf lokale Entscheidungen. Zu diesem Bereich gehört auch das Service-Lernen.

Im Mittelpunkt des gesamten Vorhabens steht die Veränderung der gesamten Schule in Richtung *„Demokratie aktiv leben"*. Wenn also *„demokratische Handlungskompetenz"* und *„demokratische Schulkultur"* entwickelt werden sollen, so heißt das, Schule im institutionalisierten Kern zu verändern. Das Programm verfolgt demnach gleichzeitig individuelle und institutionelle Entwicklungsziele. Zum einen geht es um die Entwicklung demokratischer Handlungskompetenz von Kindern und Jugendlichen und zum anderen um die Entwicklung einer demokratischen Schulkultur als Teil der pädagogischen Schulentwicklung. Diese soll mit Hilfe unterschiedlicher Strategien pädagogischen Handelns erprobt, implementiert und schließlich evaluiert werden.

Unter diesen beiden Teilkonzepten lassen sich die verbindlichen Zielvorstellungen des Modellprogramms zusammenfassen. Die ausgewählten Projektschulen bilden innerhalb dieser Ziele ihre eigenen Schwerpunkte aus und ergänzen sie durch weitere gemeinsame Ziele und Leitideen. Hierzu erhalten die Schulen eine externe Beratung und Begleitung über dreieinhalb Jahre.

Um dieses komplexe Programm nicht in nebeneinander stehende Einzelprojekte und Einzelengagements zerfallen zu lassen, werden seitens der BLK strategisch zentrale Anforderungen definiert:

1. die oben genannten Ziele gelten für alle Vorhaben,
2. die teilnehmenden Schulen sind bereit, an den Forschungs- und Entwicklungsvorhaben des Modellprogramms teilzunehmen.

Wesentliches Ziel des Projektes ist es, neue politische Impulse zu setzen. Hierfür ist eine sorgfältige externe und interne Evaluation notwendig. Diese Serviceleistung wird vom *Deutschen Institut für Internationale Pädagogische Forschung* (DIPF) den Programmschulen angeboten. Die Ergebnisse der Evaluation werden unmittelbar der Schule übermittelt und für die Weiterarbeit genutzt.

Intentional schließt das Programm für die teilnehmenden Schulen ein, dass Entwicklungsprozesse nur dann erfolgreich sein können, wenn eine qualifizierte Mehrheit der Lehrkräfte einbezogen ist. *„Ein Programm 'Demokratie lernen und leben' als Einzel- oder Minderheitenprojekt an der Schule erscheint als ein Widerspruch in sich."* (Edelstein/Fauser 2001: 91)

Für das Programm sind aus den Zielsetzungen heraus in den einzelnen Bundesländern verschiedene Angebote für eine professionelle Kompetenzerweiterung entwickelt worden. Diese Qualifizierungsprogramme werden einerseits durch die jeweiligen Lehrerfortbildungsinstitute realisiert und andererseits auch in einem Multiplikatorenmodell für einzelne Programmsegmente zentral organisiert. So werden z.B. Qualifizierungsangebote zur Förderung der Selbstwirksamkeitsüberzeugungen, der Förderung sozialkognitiver Entwicklung, Training der Zivilcourage, interkulturelles Lernen, Gewaltprävention und Mediation, Projektdidaktik, Service-Lernen und Schulentwicklung angeboten. Entscheidend ist für die teilnehmenden Schulen, dass jede Schule ihre eigenen Ziele auf der Basis einer Bestandsaufnahme genau definiert und dann in einer dreijährigen Testphase, die Programmbausteine ausbildet und erprobt.

Um diesem Anspruch gerecht zu werden ist die Schulentwicklung ein wesentliches Instrument der Realisierung. Schulentwicklung im Kontext des BLK-Programms heißt:

- Schulprogrammarbeit
- Schulinterne Evaluation
- Qualitätsentwicklung und -sicherung
- Entwicklung von Leitbildern
- Aufbau tragfähiger schulinterner Arbeitsstrukturen
- Beteiligung von Eltern, Schülern und externer Kooperationspartner (Edelstein/Fauser 2001: 69).

Weitere Ziele die mit dem Programm verbunden sind ist die Vernetzung der Schulen und der Ausbau der Schulen zu Kompetenzzentren.

Bei der Entwicklung von Partizipationsformen mit realem Einfluss auf die Lebenswelt Schule geht es im wesentlichen um die Teilhabe der Schüler. Hierfür können eine Reihe partizipatorischer Regelungen erarbeitet werden, die über die Klassenstunden und SV-Versammlungen hinausgehen. Wichtig erscheint die reale Beteiligung am Leben und dem Regelwerk der Schule. Zu den partizipatorischen Projekten zählen außerdem Formen der Konfliktmediation als Intervention und Prävention zur Gewaltbekämpfung. Die demokratiepädagogische Funktion solcher Projekte *„lebt von der Überzeugung, dass unterschiedliche Lebensformen und Überzeugungen, Werte und Interessen gemeinsam festgeschrieben werden und auch zur Lösung von Konflikten eingesetzt werden"* (Edelstein/Fauser 2001: 37).

Schwerpunkte des Moduls *Schule als Demokratie* (3. Modul) können, außer dem bereits genannten, folgende Themenbereiche sein:

- Gewaltprävention, emotionales Lernen, Mediation
- Peer Mediation
- interkulturelles Lernen - interkulturelle Kooperation
- Integration als politisches und pädagogisches Ziel.

Die teilnehmenden Schulen erhalten durch das Modellprogramm eine kontinuierliche Beratung, Fortbildungsbausteine und Materialien. Für das Modellprogramm gilt es, die Transferchancen der Innovation auf andere außerschulische Situationen zu sichern. So sollen die Programmschulen am Ende des Projekts sogenannte Kompetenzzentren bilden, von denen die umliegenden Schulen profitieren können.

2. Ziele des hessischen BLK-Projekts „Mediation und Partizipation"

In Hessen wird dieses Programm, das durch das Hessische Kultusministerium möglich wurde und vom ihm unterstützt wird, unter dem Titel *„Mediation und Partizipation"* realisiert[2]. Insgesamt 18 Schulen (5 Grund-, 7 Sekundar- und 6 Berufliche Schulen) nehmen an dem Programm teil. Die Schulen sind nach Schulformen getrennt in drei Sets zusammengefasst.

Nach einem intensiven Bewerbungsverfahren, bei dem jede interessierte Schule persönlich beraten wurde, wurden die Schulen im Dezember 2002 ausgewählt. Die Auswahl erfolgte unter 20 Schulen, die sich letztendlich beworben hatten.

Das hessische Projekt knüpft an Erfahrungen des Projekts *„Mediation und Schulprogramm"* an, das den Gedanken konstruktiver Konfliktbearbeitung durch Lehrertrainings, Klassenprogramme, Veränderung der SV-Arbeit und Einrichtung von Schüler-Mediatorengruppen in 180 hessische Schulen getragen hat.

---

[2] Der vollständige Titel lautet: Mediation als systemisches Element für die Entwicklung einer demokratischen Schulkultur – Mediation und Partizipation.

Alle Sekundarschulen und einige Grund- und Berufliche Schulen hatten bereits an dem Programm teilgenommen, bevor sie BLK-Schule wurden. Voraussetzung zur Teilnahme am BLK-Projekt „Mediation und Partizipation" war allerdings, dass die Schulen nicht nur ihre Sacharbeit intensivierten, sondern einen nachhaltigen Schulentwicklungsprozess in Gang setzen wollten. Dies ist die notwendige Voraussetzung, um sich neuen Einzelvorhaben zuzuwenden.

Je nach Entwicklungsstand der Schule, konnte sich das auf die folgenden Vorhaben beziehen:

- Erwerb bzw. Vertiefung der mediativen Grundhaltung (Basis- und Aufbautrainings)
- Partizipation aller Beteiligter einer Schule an konstruktiver Konfliktbearbeitung (verbesserte Kommunikation, Schulentwicklung, SV-Arbeit)
- Realisierung von Konfliktmanagementsystemen (Schulentwicklung, Projektstrukturplanarbeit....)
- Erweiterung des Mediationsansatzes um andere gewaltpräventive Programme (Zivilcourage-Training, Antirassismus-Training, interkulturelles Lernen)
- Erweiterung des Mediationsprogramms um weitere demokratierelevante, partizipative Ansätze schulischen und außerschulischen Lernens (Service-Lernen, Selbstwirksamkeitskonzept, Debattenkultur, „Just Community")

3. Erste Erfahrungen in der Umsetzung des hessischen Programms
(Stand April 2004)

Nachdem die Schulen im Januar 2003 über ihre Auswahl informiert worden waren, wurden ab Februar die Kontrakte mit ihnen geschlossen und der Beratungsprozess vereinbart. In den Schulen bestand in der Regel schon eine Projektgruppe, in der auf jeden Fall ein Mitglied der Schulleitung vertreten sein muss. Die formelle Konstituierung der Projektgruppe erfolgte dann spätestens mit dem ersten Gespräch mit der Beraterin. Die Projektgruppen sind je nach Schulform unterschiedlich zusammengesetzt: In den kleinen Grundschulen (5 – 8 Kolleginnen) bilden alle Kolleginnen die Projektgruppe, in den größeren Grundschulen und in den Sekundarschulen bestehen die Projektgruppen aus 6 – 12 Kolleginnen, wobei die Schulen darauf achten, dass unterschiedliche Funktionen (z.B. SV-Lehrer, Beratungslehrerin, Vertreter von Klassenstufen) vertreten sind. In den Beruflichen Schulen kommen die Projektgruppen häufig aus einer Abteilung.

Das hessische Projekt unterscheidet sich von denen in anderen Bundesländern – abgesehen von der ihm eigenen inhaltlichen Schwerpunktsetzung – dadurch, dass wir unsere Unterstützungsarbeit schwerpunktmäßig auf die Beratung
der Einzelschule konzentriert haben und die Netzwerkarbeit zunächst etwas
zurückgestellt wurde. Jede Schule hat eine Schulberaterin mit ca. 20 Stunden
Beratungszeit pro Jahr zur Seite gestellt bekommen. Die Beraterin hat die Aufgabe, die Schule bei der Bestandsaufnahme, bei der Erarbeitung der Ziele und
der Formulierung der Vorhaben zu unterstützen. Sie achtet auch darauf, dass
Ergebnisse jeweils in das Kollegium zurückgekoppelt werden, um damit dem
Anspruch der Partizipation aller gerecht zu werden.

Dadurch, dass die Schulen im Sekundarbereich sich schon seit einiger Zeit
mit konstruktiver Konfliktbearbeitung/Mediation beschäftigt hatten, knüpften sie
direkt daran an, während die meisten Beruflichen Schulen sofort und die meisten
Grundschulen etwas später mit einem Basistraining in Mediation begannen, um
ein Grundverständnis von konstruktiver Konfliktbearbeitung zu erwerben.

Unsere ursprüngliche Planung ging davon aus, dass die Schulen auf dieser
Grundlage aufbauend relativ rasch ihre Bilanzierung durchführen würden und
zur Bestimmung von Projekten kommen würden. Wir hatten dabei mit einem
Zeitrahmen bis zum Sommer 2003 gerechnet. Letztendlich brauchten die Schulen gut ein Jahr länger, bis sie diesen Prozess abgeschlossen hatten.

Von Anfang an gaben wir den Schulen die Gelegenheit zusätzliche Angebote wahrnehmen zu können. Zum Teil ergab sich dadurch ein Widerspruch zu
unserem Verständnis von Schulberatung, denn unser Grundsatz lautet, dass die
Vorhaben sich am aktuellen Schulentwicklungsstand orientieren sollen. Beispielsweise wurde im Sommer 2003 seitens der BLK-Geschäftsstelle das Angebot einer Fortbildungsreihe zum Selbstwirksamkeitskonzept angeboten. Da die
Schulen noch nicht so weit waren, ihre Vorhaben zu formulieren, nutzte schließlich nur eine Schule dieses Angebot. Weitere Angebote die möglich waren, be-
trafen die Themen SV-Arbeit, interkulturelles Lernen, Antirassismus-Trainings,
Zivilcourage-Trainings, Service-Lernen, Selbstwirksamkeitskonzepte, Partizipation. Bisher wurden nur die Angebote SV-Arbeit, Selbstwirksamkeitskonzepte
und Service-Lernen wahrgenommen.

3.1 Beispiele für Vorhaben im Rahmen des Projekts „Mediation und Partizipation"

In der Grundschule werden bereits folgende Beteiligungsformen praktisch gelebt:

- Betriebsversammlung
- Kinderkonferenz
- Klassenrat

In einer kleinen Grundschule gibt es einmal im Jahr eine Betriebsversammlung, zu der alle Menschen eingeladen werden, die mit der Schule zu tun haben: alle Schüler, Lehrkräfte, Schulleiterin, Eltern, Sekretärin, Hausmeister und Busfahrer. Auf dieser Betriebsversammlung werden all die Themen besprochen, von denen alle betroffen sind.

In der Sekundarschule werden neben der konstruktiven Konfliktbearbeitung Fortbildungen zur Selbstwirksamkeit durchgeführt und Projekte im Bereich Service-Lernen umgesetzt.

In den Beruflichen Schulen haben für eine große Anzahl von Lehrkräften Basis- und zum Teil Aufbautrainings stattgefunden, so dass hier eine gute Grundlage für konstruktive Konfliktbearbeitung geschaffen wurde. Ferner gab es hier ein Angebot: Überleben im Unterricht - Lehrerverhaltenstraining.

In allen Schulen haben alle Projektgruppen, die aus mindestens einem Mitglied der Schulleitung und 5 bis 10 Lehrkräften unterschiedlicher Fachrichtungen bestehen, sehr intensiv an einer Bestandsaufnahme und anschließend an der Ausarbeitung von Projekten gearbeitet. Diese Ergebnisse wurden und werden bei Konferenzen und Pädagogischen Tagen vorgestellt und so zurück vermittelt, damit das gesamte Kollegium in den Prozess in einem partizipativen Sinne einbezogen ist. Diese Form der Schulentwicklung ist manchmal mühsam und verläuft meist langsamer als geplant, ist aber dadurch wesentlich transparenter und wirkt so nachhaltiger.

3.2 Ausbildung von Beraterinnen und Beratern für Demokratiepädagogik

Im Rahmen des bundesweiten BLK-Programms werden in einem Zeitraum von 2,5 Jahren ca. 150 Personen zu Beraterinnen und Beratern für Demokratiepädagogik ausgebildet. Die angesprochene Personengruppe umfasst Netzwerkkoordinatoren, Schulaufsichtsbeamte, Vertreterinnen von Projektschulen und andere Multiplikatoren, die in der Schulentwicklung tätig sind.

Mit diesen zukünftigen Beraterinnen wird das Ziel verfolgt, einen Innovationstransfer aus dem BLK-Programm *„Demokratie lernen und leben"* zu leisten, d.h. die Erfahrungen aus dem Programm auf andere Schulen zu übertragen und für diese fruchtbar zu machen. Die Qualifizierung der Teilnehmenden für demokratiepädagogische Kompetenzen basiert dabei auf der Grundlage der neuesten fachwissenschaftlichen Standards.

Die Fortbildung ist in modularer Form gestaltet. Folgende Module werden angeboten

- Selbstwirksamkeitsförderung
- Soziomoralische Entwicklung, Werte und Moralerziehung
- Civic Education
- Training von Zivilcourage
- Menschenrechte und interkulturelle Differenz
- Konfliktbearbeitung und Schulentwicklung
- Verständnisintensives Lernen
- Projektdidaktik

Module der Beratungs- und Prozesskompetenz:

- Projektmanagement / Projektentwicklung
- Schulentwicklung / Organisationsentwicklung
- Beratung und Moderation

In jedem Bundesland werden jetzt schon Überlegungen angestellt, wie diese Beraterinnen und Berater für Demokratiepädagogik zukünftig eingesetzt werden können, wobei es im Moment noch kein einheitliches Konzept gibt.

4. Thesen zu Mediation und Partizipation

Abschließend stelle ich thesenartig einen Zusammenhang zwischen konstruktiver Konfliktbearbeitung und Demokratiepädagogik her.

1. Demokratische Schulentwicklung erfordert konstruktive Konfliktbearbeitung, denn nur ein konstruktiver, nicht soziale Kosten verursachender Konfliktaustrag kann ermöglichen, dass sich eine Schule weiterentwickelt und eine partizipative Schulkultur entsteht.
2. In der Haltung der Mediation sind wesentliche Elemente für die Entwicklung einer demokratischen, partizipativen Schule enthalten:

- Wertschätzung, Achtung und Anerkennung
- Wertungen vermeiden (bzw. über Wertungen reflektieren)
- Beteiligte suchen die Lösung, die nicht von „oben" verordnet werden
- Aktives Zuhören fördert den Dialog und vermeidet Missverständnisse

- Klare Regeln (Toleranz und Respekt) führen zu einem positiven Umgang miteinander; dabei liegt die Verantwortung für die Einhaltung der Regeln bei der Leitung (Mediator, Lehrkraft)
- Perspektivenwechsel öffnet den Blick und fördert die Empathiefähigkeit

3. Demokratische Schulkultur erfordert: keinen Widerspruch zwischen selbst formuliertem Anspruch und der Wirklichkeit; in Präambeln, Ordnungen und Programmen sind oft sehr gute Grundsätze formuliert, aber sie werden dann in der Praxis nicht angewandt. In einer demokratischen Schule werden die Ansprüche durch Evaluation ständig an der Realität gemessen.
4. Um den Mediationsgedanken langfristig in der Schule zu verankern, muss zunächst die Grundhaltung verfestigt und dann mit anderen Konzepten gewaltpräventiver Arbeit verknüpft werden (Vernetzung).
5. Eine konstruktive Konfliktkultur kann nur dann entwickelt werden, wenn der Mediationsgedanke mit einer systemischen Schulentwicklung verknüpft wird, d.h. dass möglichst alle Beteiligten eines Systems eingebunden werden.
6. Partizipationsprojekte bieten die Chance, dem Mediationsgedanken neue Impulse zu geben und tragen dazu bei, dass sich unterschiedliche Schulentwicklungsprojekte (z. B: Mediation, Lions Quest, Faustlos) wechselseitig befruchten.
7. Partizipation muss aktiv in allen Bereichen der Schule gelebt und darf nicht nur punktuell verwirklicht werden.

Literatur

Wolfgang Edelstein/Peter Fauser 2001: Demokratie lernen und leben, Bonn (www.blk-bonn.de)

4 Angaben zu den Referenten

PD Dr. Karl-Heinz Breier, Universität Kiel, z. Z. Vertretungsprofessor für Politikwissenschaft an der Universität Bonn

Dr. Tilman Grammes, Professor für Erziehungswissenschaft unter besonderer Berücksichtigung der Didaktik sozialwissenschaftlicher Fächer/Politikdidaktik an der Universität Hamburg

Thomas v. Machui, StD., Altes Kurfürstliches Gymnasium, Bensheim

Dr. Ingo Juchler, Professor für Didaktik der Sozialkunde an der Universität Augsburg

Dr. Eberhard Jung, Professor für Gemeinschaftskunde/Wirtschaftslehre an der pädagogischen Hochschule Karlsruhe

Helmolt Rademacher, Leiter des Projekts „Konfliktbearbeitung und Gewaltprävention" im Hessischen Landesinstitut für Pädagogik (HeLP) in Frankfurt

Dr. Wolfgang Sander, Professor für Didaktik der Sozialwissenschaften an der Justus Liebig Universität Giessen

Dr. Gerd Steffens, Professor für Didaktik der Politischen Bildung an der Universität Kassel

Gerd Zboril, LSAD Staatliches Schulamt Darmstadt – Hessisches Kultusministerium

Neu im Programm
Politikwissenschaft

If you have any concerns about our products,
you can contact us on
ProductSafety@springernature.com

In case Publisher is established outside the EU,
the EU authorized representative is:
Springer Nature Customer Service Center GmbH
Europaplatz 3, 69115 Heidelberg, Germany

Printed by Libri Plureos GmbH
in Hamburg, Germany